CB020689

O MESTRE
DA ESTRATÉGIA

KETAN J. PATEL

O MESTRE DA ESTRATÉGIA

PODER, PROPÓSITO E PRINCÍPIO

Tradução
Ricardo Doninelli

BestSeller

CIP-BRASIL. CATALOGAÇÃO-NA-FONTE
SINDICATO NACIONAL DOS EDITORES DE LIVROS, RJ.

P333m
Patel, Ketan J.
O mestre da estratégia: poder, propósito e princípio / Ketan Patel; tradução Ricardo Doninelli. - Rio de Janeiro: Best*Seller*, 2007.
Tradução de: The Master Strategist
Inclui bibliografia
ISBN 978-85-7684-122-7

1. Estratégia. 2. Planejamento estratégico. I. Título.

07-2074. CDD: 658.4012
CDU: 65.012.2

Título original inglês
THE MASTER STRATEGIST
Copyright © 2005 by Ketan J. Patel
Publicado mediante acordo com Random House Business Books

Capa: Julio Moreira
Editoração eletrônica: ô de casa

Todos os direitos reservados. Proibida a reprodução,
no todo ou em parte, sem autorização prévia por escrito da editora, sejam quais forem os meios empregados.
Direitos exclusivos de publicação em língua portuguesa para o Brasil
adquiridos pela
EDITORA BEST SELLER LTDA.
Rua Argentina, 171, parte, São Cristóvão
Rio de Janeiro, RJ – 20921-380
que se reserva a propriedade literária desta tradução

Impresso no Brasil
ISBN 978-85-7684-122-7

SUMÁRIO

Prefácio *7*

1. Para além do atual campo da estratégia *13*

2. A perda de relevância *42*

3. O livro do poder, dos objetivos e princípios *67*

4. O exercício do poder, dos objetivos e dos princípios *91*

5. Vias futuras para a estratégia *154*

6. A criação de mestria *186*

7. Agenda para o futuro *214*

Referências e notas *217*

PREFÁCIO

Em 2001, os países da OCDE* aplicaram aproximadamente 645 bilhões de dólares em pesquisa e desenvolvimento.[1] Os campos da medicina, da computação e dos armamentos eram três das maiores áreas de investimento. O sucesso disso fica evidente nos enormes avanços alcançados na descoberta de curas para doenças até então consideradas incuráveis, na criação de capacidade computacional para compreender o que pareciam ser mistérios e na criação de bombas que, se quem as possuísse assim quisesse, poderiam cruzar fronteiras e destruir cidades inteiras. É da estratégia que depende a tradução dos resultados desses investimentos em programas de saúde em nível mundial, aplicação do poder computacional à resolução de problemas que ameaçam o planeta ou para promover a paz. Nesse contexto, a estratégia é simplesmente o nome que damos aos planos e ações por meio dos quais impomos nossas escolhas aos outros, sejam povos, instituições ou ambientes.

O campo da estratégia recebe uma parcela insignificante dessas enormes somas. Na pesquisa médica, é evidente que os erros podem resultar em mortes. Se criarmos uma tecnologia computacional que produza cálculos errados, poremos em perigo os sistemas comandados por essa tecnologia – tudo, de aviões e movimentos da Bolsa de Valores até monitores cardíacos – e correremos também o risco de matar pessoas. Se criarmos uma tecnologia bélica imprecisa, hospitais podem ser destruídos, em vez de depósitos de armamentos. Contudo, não encaramos a pesquisa e o desenvolvimento de métodos estratégicos com essa mesma seriedade. As estratégias que emprega-

---

*OCDE – Organização para Cooperação e Desenvolvimento Econômico. (*N. do R.*)

mos não nos proporcionaram os resultados que seriam de se esperar dado desenvolvimento por nós alcançado. No final do século XX, mais de 800 milhões de pessoas passavam fome, 1,1 bilhão de pessoas carecia de acesso a água potável, e 17 milhões de pessoas morriam por ano de doenças para as quais já existe cura. Só tinham acesso à tecnologia computacional e à Internet entre 0,5 e 7% da população da Ásia, África e Oriente Médio, em contraste com 50 a 70% de norte-americanos. Calcula-se que, só no século XX, mais de 170 milhões de pessoas pereceram em guerras e genocídios.[2]

Uma outra ameaça reside na velocidade das mudanças e na forma como transformamos o mundo. Embora os estrategistas tenham de se mostrar capazes de lidar com esse cenário mais dinâmico, estão apenas equipados e treinados para abordar cenários muito mais limitados e estáticos. O melhor pensamento estratégico adota uma visão abrangente da vida e do mundo, mas em sua maior parte provém de fontes muito anteriores ao nosso século, tais como Sun Tzu, cujos pensamentos datam do século V a.C.; Maquiavel, cuja obra O *príncipe* foi publicada no século XVI; Miyamoto Musashi, que escreveu no século XVII; e Karl von Clausewitz, autor do século XIX. Contudo, todas essas linhas de pensamento têm raízes em conflitos militares e, por conseqüência, manifestam um viés militarista.

Desde então, as inovações no pensamento estratégico vêm assumindo uma abordagem "científica", na medida em que selecionam uma área de estudo mais limitada e produzem modelos que só abordam esse domínio específico. Além disso, dada a falta de investimento no desenvolvimento do pensamento estratégico, tem-se registrado um número reduzido de inovações em comparação com as verificadas em outros campos. Por isso, não nos encontramos bem equipados para formular estratégias que abordem a série complexa de um número crescente de fatores interligados com que deparamos hoje em dia. Os avanços registrados no campo da ciência, por exemplo, não encontram paralelo nos verificados no campo da estratégia, e por isso nos arriscamos a desperdiçar o desenvolvimento alcançado pelos cientistas.

Desde o Renascimento, nas várias áreas da ciência, os pesquisadores e as autoridades acadêmicas têm se dedicado ao estudo de uma ampla gama de campos delimitados e estabelecido esquemas conceituais e fórmulas que partem da complexidade para definir soluções para problemas bastante específicos. O número e a diversidade desses modelos do mundo garantem um corpo teórico e de conhecimento muito rico. No campo da estratégia, não se registrou um renascimento semelhante do pensamento e, por conseguinte, não dispomos de igual riqueza ou diversidade de modelos para explicar o mundo. Desse modo, os modelos que temos a nosso dispor foram tomados literalmente e resultaram em estratégias limitadas e perigosas. Essas estratégias podem nos levar a empreender guerras desnecessárias, a destruir o meio ambiente e a competir de maneira desmedida.

Em resumo, este trabalho baseia-se nos cinco temas a seguir:

1. Experimentamos um nível de mudança que transforma, de forma exponencial e gradual, o contexto no qual a estratégia necessita ser formulada.
2. Os atuais métodos de desenvolvimento de modelos estratégicos não resultarão em mudanças dos nossos métodos estratégicos que sejam significativas ou rápidas o bastante para lidar com as mudanças no contexto.
3. As estratégias atuais baseiam-se em pressupostos que já não são relevantes e estão assentadas em modelos demasiado simplistas e freqüentemente errôneos.
4. O nível dos avanços nos campos da ciência e da tecnologia é muito superior ao verificado no campo da estratégia, o que é perigoso, porque a estratégia trata da forma como utilizamos os resultados da ciência e da tecnologia.
5. Os estrategistas de que necessitamos não podem ser formados com a rapidez necessária por meio dos métodos empregados atualmente, e o desenvolvimento é da responsabilidade dos líderes e indivíduos, e requer, em geral, medidas mais extremas caso eles desejem ser bem-sucedidos.

De maneira que, neste trabalho, o objetivo é manter amplo o cenário. O alvo consiste em considerar a estratégia no contexto de um cenário mundial abrangente e em mudança, por meio dos sete objetivos seguintes:

- O primeiro objetivo consiste em tentar dar sentido à crescente complexidade do mundo por meio da identificação dos temas subjacentes mais importantes. Esse é o intuito do Capítulo 1. Dada a enorme quantidade de dados disponíveis hoje em dia, um dos fatores a considerar é que o valor desses dados já se encontra em declínio e que o valor dos insights aumentará. Um conjunto de padrões é derivado de grande número de mudanças no mundo, e será representado como um conjunto de temas ou "fenômenos configuradores". É importante notar que, embora esses temas possam ter algum valor, não são de forma alguma completos ou duradouros.
- O segundo objetivo consiste em identificar e explorar os problemas associados à simplificação. Esse é o propósito do Capítulo 2. Um argumento de importância crítica neste trabalho é que a simplificação atual do mundo por meio de modelos constitui um processo perigoso, porque tem como resultado respostas simplistas para problemas que dizem respeito à vida e à morte. Esse pensamento simplista invade todos os estratos, desde o militar ao pessoal. Por causa desse argumento, o presente trabalho não faz abstrações a partir dos dados, informação e insights utilizados para gerar modelos e esquemas conceituais.
- O terceiro objetivo consiste em apresentar insights sobre a natureza da estratégia e do seu exercício. Esse é o propósito do Capítulo 3. A fim de compensar o viés em favor do método analítico, o capítulo vale-se integralmente da intuição e experiência pessoais. Em virtude disso, o seu formato (embora não seu conteúdo) baseia-se na antiga tradição de ensino.
- O quarto objetivo consiste em proporcionar uma análise do exercício do poder, suas metas e princípios. Este é o propósito do Capítulo 4. Esse capítulo oferece uma crítica dos métodos da estratégia existentes e uma alternativa baseada nos insights e argumentos do Capítulo 3.
- O quinto objetivo consiste em identificar as áreas em que são necessárias inovações no campo da estratégia. Este é o propósito do Capítulo 5. Para poder acrescentar valor aos mestres de outros campos, os mestres do campo da estratégia precisarão

progredir de forma a colocar-se à frente das inovações verificadas nas outras áreas. Nesse capítulo, exploramos a natureza de algumas dessas inovações que necessitamos realizar em nossos métodos estratégicos.

- O sexto objetivo consiste em formular uma agenda para os estrategistas abordarem questões e temas fundamentais do nosso tempo. Esse é o propósito do Capítulo 6. Os supercomputadores não podem ainda substituir a imaginação. Por conseguinte, não são capazes de encontrar, imaginar ou formar, a partir de fragmentos obscuros de dados, os padrões de possíveis futuros cenários, oportunidades ou ameaças. Nesse capítulo, formaremos esses padrões de possibilidades e definiremos uma agenda abrangente para explorar como desenvolver maior mestria estratégica.
- Finalmente, reuniremos todas as linhas de pensamento deste trabalho para propor, de forma resumida, a defesa da necessidade de mudança e a agenda para essa mudança. Esse é o foco do último capítulo deste trabalho.

Este livro dirige-se às pessoas que, em todas as esferas, são responsáveis pelo desenvolvimento de estratégias. Tais estrategistas são conhecidos por vários nomes. Na Casa Branca, são os responsáveis pela definição de políticas centradas nos interesses dos Estados Unidos da América – políticas que, hoje em dia, não têm fronteiras e que, por conseguinte, têm maior chance de fazer o bem e, igualmente, de provocar rupturas e desordem. Nos gabinetes estratégicos, são os analistas políticos, sociais e econômicos que procuram influenciar os responsáveis mundiais pela definição de políticas. Em Wall Street, são os mediadores, consultores de fusões e aquisições e os gestores de ativos. No mundo dos negócios, são os executivos dos principais grupos econômicos e os seus conselheiros. Nas organizações de consultoria estratégica em todo o mundo, são os analistas que ambicionam transformar-se em estrategistas, nome pelo qual já são chamados. Por convenção, referimo-nos a esses indivíduos como estrategistas e ignoramos as outras pessoas que desenvolvem estratégias em suas comunidades, famílias e em sua própria vida. O âmbito deste trabalho são os desafios da vida e, por conseguinte, a definição convencional de estrategista é posta em questão. Uma das premissas básicas subjacentes a este livro é a crença de que só poderemos nos tornar mestres da estratégia se, em primeiro lugar, nos tornarmos mestres de nós próprios. Esse é, no entanto, um desafio lançado tanto aos líderes como aos indivíduos.

1

PARA ALÉM DO ATUAL CAMPO DA ESTRATÉGIA

"Por vezes o caos parece ter ordem. Por isso, julgamos compreender o que observamos."

O livro do poder, dos objetivos e dos princípios

Os acontecimentos nos surpreendem enquanto estamos mergulhados na vida cotidiana. Deixam-nos com problemas que não conseguimos resolver. Esses problemas levam-nos a pôr em questão todas as facetas de nossa vida. Quanto à política, até que ponto podemos confiar em nossos líderes? É possível ter pelo menos a certeza de que agem pensando em nossos interesses? Quanto à sociedade, será o nosso estilo de vida sustentável? E quanto à segurança, estaremos seguros o bastante em nossas atividades do dia-a-dia? Com relação à economia, será que sabemos como manter nossa prosperidade e mesmo torná-la acessível aos outros? Quanto aos negócios, saberemos ganhar dinheiro num mundo cujas regras estão em permanente mudança? Com relação ao ambiente, quais são as conseqüências daquilo que decidimos para o mundo e até que ponto seremos guardiões confiáveis dos recursos do planeta? Quanto à tecnologia, ela nos proporciona benefícios ou simplesmente perturba a ordem existente? Individualmente, quão bem poderemos cuidar dos nossos entes queridos e equilibrar nossas ambições, relações pessoais e responsabilidades?

Parece que as escolhas conduzem a uma maior confusão e as ações a mais problemas. O número de acontecimentos que surgem simultaneamente deixa-nos incapazes de confiar em abordagens, métodos e fórmulas do passado. Defrontamo-nos com a necessidade de repensar nossa abordagem. Qual é a natureza desses acontecimentos e por que são tão confusos no atual momento da história?

Nossa confusão decorre de inúmeras possibilidades que se abrem diante de nós, resultado da ultrapassagem de uma série de marcos pela humanidade. Esses marcos têm um padrão que chamaremos de Os Sete Fenômenos Configuradores. No entanto, não devemos nos deixar limitar em demasia pelos sete fenômenos. Trata-se apenas de uma imagem formada com as peças que constituem nosso mundo.

OS SETE FENÔMENOS CONFIGURADORES

Primeiro fenômeno: A quebra de barreiras no desempenho

O primeiro fenômeno é a contínua e inexorável quebra de barreiras, o que significa que o desempenho – particularmente o humano, das máquinas e dos computadores – deixou de ser limitado.

SUPERANDO AS LIMITAÇÕES HUMANAS

Os homens e as mulheres estão quebrando barreiras antes consideradas insuperáveis, tanto no desempenho físico como no mental. A resistência e a velocidade humanas alcançaram níveis inimagináveis há um século. Em 2003, o detentor do recorde da maratona completou o trajeto de 42 quilômetros em um tempo quase 30% inferior ao melhor tempo obtido na maratona de 39,5 quilômetros de 1897. Aproximadamente no mesmo período, o homem saltou 15% mais longe e quase 25% mais alto, e completou os 400 metros de nado livre num tempo mais de 20% menor. Durante os últimos 50 anos do século XX, até mesmo o recorde da difícil corrida dos 100 metros foi ultrapassado em quase 10%.[1]

Nossa capacidade de ultrapassar os limites do corpo e da mente humana e de desafiar as forças da natureza nunca foi tão grande – e continua a aperfeiçoar-se. Contudo, esse potencial também se manifesta no abuso de drogas, tabaco e alimentos. Em 2000, existiam 200 milhões de consumidores de drogas ilícitas. Durante o século XX, calcula-se que, em todo o mundo, cerca de 100 milhões de pessoas morreram em virtude de doenças associadas ao consumo do tabaco. Em pouco mais de cinco anos, até o ano 2000, o número de pessoas obesas aumentou de 200 para 300 milhões. A sofisticação na produção de drogas recreativas continua a aumentar, com inovações que recorrem a novos produtos químicos, incluindo ácidos. Avançamos na direção de um mundo de consumo excessivo de tudo o que desejamos.[2]

Assim, nos dois extremos, encontramo-nos no limiar da Era do Desempenho *ou* da Era da Nova Decadência.

SUPERANDO AS LIMITAÇÕES DAS MÁQUINAS

Nossa capacidade de criar máquinas para quase tudo o que fazemos gerou uma era de prosperidade nunca vista na história da humanidade. O ritmo das inovações em maquinário tem aumentado a uma velocidade exponencial. A era agrícola foi transformada há quase 5 mil anos com a invenção da máquina de calcular básica, o ábaco. Contudo, as inovações na automação e na precisão só apareceram por volta de 200 a.C., quando os chineses desenvolveram um relógio de água preciso e uma orquestra mecânica automática completa. Mesmo com essa plataforma, foram necessários quase mil anos para construir o primeiro verdadeiro relógio mecânico, em 726. E só em 1642 é que Pascal inventou a primeira máquina de calcular automática para efetuar operações de adição e subtração.

O ritmo de mecanização aumentou de forma acentuada na seqüência da Revolução Industrial do século XVIII, e o mundo assistiu à criação de uma grande variedade de máquinas de produção. Quando morreu, em 1871, Charles Babbage deixou mais de 37 metros quadrados de desenhos para um computador, o seu "Engenho Analítico".[3] Nos 100 anos seguintes, assistiu-se à aplicação, a quase todos os aspectos da vida, de inovações cada vez mais aceleradas na tecnologia de máquinas. Essas máquinas permitiram-nos derrubar barreiras da natureza, tornando possível ao mais fraco dos homens deslocar-se mais depressa, mais longe e mais alto do que os homens mais aptos da geração anterior.

Essa capacidade de fazer quase tudo nos coloca no limiar de uma verdadeira libertação de muitas das limitações do corpo humano e de muitas das barreiras do ambiente. Contudo, a crescente substituição dos homens pelas máquinas, não só nas tarefas monótonas do trabalho, mas também nos setores de serviços, entretenimento e outros empreendimentos criativos, ameaça o próprio papel e valor do indivíduo na sociedade.

Assim, nos dois extremos, encontramo-nos no limiar da Era da Ascensão das Máquinas *ou* da Era da Queda do Homem.

SUPERANDO AS LIMITAÇÕES DA COMPUTAÇÃO

A velocidade de computação duplicou a cada três anos de 1910 a 1950. Nos 20 anos seguintes, duplicou a cada dois anos. Por volta de 2000, duplicava anualmente. Em 1997, o supercomputador Deep Blue da IBM derrotou o campeão mundial de xadrez. Nos primeiros anos do século XXI, esperava-se que o supercomputador em construção para o Departamento de Energia dos Estados Unidos viesse a ter a capacidade de realizar 100 trilhões de operações por segundo, um poder de processamento, segundo o Robotics Institute da Carnegie Mellon University, igual ao do cérebro humano. Isso não significa que a equiparação dos computadores ao cérebro humano seja iminente. Com base no número de neurônios e conexões entre eles, calcula-se que, em tarefas como a visão, a linguagem e o controle motor, o cérebro tenha uma potência superior à de mil supercomputadores, mas em tarefas como a multiplicação e a busca seja menos potente do que um microprocessador de 4 bits, encontrado nas máquinas de calcular.

A capacidade de computar as equações subjacentes a tudo – ao nosso código genético, à estrutura da matéria, à natureza do tempo e do espaço – contém em si a promessa de nos dar acesso a uma nova era de milagres. Já em 1980, alguns físicos nucleares americanos transformaram vários milhares de átomos de chumbo em ouro. Em 2000, cientistas chineses clonaram seis vitelos a partir de células da pele recolhidas da orelha de um touro. Nesta nova era, poderemos fazer andar os paralíticos, fazer ver os cegos, transformar água em vinho, alimentar multidões e transformar metais de base em metais preciosos.[4]

Nossas habilidades nunca foram tão grandiosas. Contudo, dadas as nossas falhas emocionais, especialmente o medo dos outros e a cobiça pelo poder, tendemos a transformar os avanços tecnológicos em armas.

No passado, essa fraqueza apenas resultou na destruição de homens por outros homens, mas, nesta nova era de milagres, temos a capacidade potencial para destruir a essência genética do homem, a estrutura molecular fundamental do ar, da água, das rochas e de formas de vida e até, quando nossa competência aumentar, a relação espaço-tempo.

Assim, nos dois extremos, encontramo-nos no limiar da Era dos Milagres *ou* da Era do Fim dos Tempos.

Segundo fenômeno: A quantidade sem precedentes de informações, meios de comunicação e de comunicação de massa

O segundo fenômeno é a quantidade sem precedentes de informação, de meios de comunicação e de comunicação de massa disponíveis, que transcende todos os países, credos religiosos, classes socioeconômicas e disciplinas.

A HISTÓRIA, O CONHECIMENTO E A SABEDORIA ACUMULADOS AO NOSSO ALCANCE

Atualmente, por meio da World Wide Web, temos a nosso alcance um acesso único à informação, ao conhecimento e à sabedoria acumulados pela humanidade. Esse conjunto de informações não é, evidentemente, completo, mas encontra-se disponível numa quantidade extraordinária e continua a crescer a uma taxa exponencial. Já é acessível a uma massa crítica da população do mundo e tende a expandir-se por todo o planeta independentemente de raça, religião, riqueza, idade ou educação formal. O tempo estimado para uma pessoa encontrar uma informação aleatória foi calculado em quase dois meses em 1800, trabalhando-se 24 horas por dia; pouco mais de cinco dias em 1900; menos de um dia em 1990; 70 segundos em 2000; e em 2004, cerca de um segundo. O mecanismo de busca Google contém cerca de 4 bilhões de páginas www [iniciais de World Wide Web], que, se fossem impressas, formariam uma pilha de papel com uma altura superior a 352 quilômetros.[5] A capacidade de libertar as pessoas dos pontos de vista de seus "mestres" – pai, professor, líder comunitário, padre, político ou governante – nunca foi tão grande. O mesmo vale para o potencial de confusão gerada pelo excesso de informação – o chamado "ruído".

Assim, nos dois extremos, encontramo-nos no limiar da Era das Liberdades *ou* da Era da Confusão.

A EXPANSÃO MACIÇA DOS MEIOS DE COMUNICAÇÃO POR TODOS OS LARES DO PLANETA

Nos últimos 25 anos do século XX, a produção em massa da mídia foi distribuída em filmes por todo o mundo a partir de centros de produção como Hollywood e Bollywood. Os meios de comunicação de massa impulsionaram idéias, valores e sonhos e incentivaram a procura de produtos dos seus países de origem em todo o globo. Os meios de comunicação estão permanentemente tentando nos convencer de alguma coisa, nós os espectadores, ouvintes ou leitores. A posição vantajosa de inserção que ocupam permite-lhes fazê-lo por meio de formas variadas. Conhecemos bem as mensagens diretas – televisão, rádio, jornais e anúncios – porque nos gritam a partir de lugares esperados. As mensagens semidiretas falam-nos a partir das embalagens de sabonetes, das etiquetas das peças de vestuário, das recomendações nas embalagens dos medicamentos que tomamos, das vitrines das lojas e de muitos cartazes e sinais que se assemelham a informação. As mensagens indiretas segredam-nos: o locutor nos diz quem é terrorista e quem é um combatente pela liberdade, o professor na sala de aula nos conta a história do mundo, o produto é anunciado em nosso programa preferido, a voz que associamos à verdade e à integridade nos vende férias ou um seguro de vida. Talvez não percebamos que nos estão vendendo coisas, porque essas mensagens se encontram inseridas em outra idéia qualquer, mas nosso subconsciente as ouve.

Nunca como agora foi possível disseminar a propaganda com tanta eficácia. Nem foi tão significativo o potencial para a confusão causada pela enorme gama de escolhas com que nos deparamos.

Assim, nos dois extremos, encontramo-nos no limiar da Era das Idéias *ou* da Era da Propaganda.

COMUNICAÇÃO DE MASSA ENTRE PESSOAS POR MEIO DE MÁQUINAS

A disponibilidade maciça de equipamentos e de redes de comunicação atingiu níveis sem precedentes, permitindo a conexão das pessoas umas com as outras e com a informação e o entretenimento. Essa comunicação é atualmente possível em casa, no local de trabalho e quando nos deslocamos. Nos primeiros anos do século XXI, 40% da população mundial possuíam um televisor, 20%, um computador, e 17%, um telefone celular. A capacidade de se comunicar com as outras pessoas em qualquer lugar, a qualquer hora e por qualquer meio era quase uma realidade. As possibilidades que se abriam ao comércio, à educação e ao entretenimento eram enormes. Assim, o poder de escolha do indivíduo continuava a aumentar.

A fase seguinte, de ruptura, já iniciava: a violação dos dispositivos de segurança que mantinham a propriedade intelectual nas mãos do detentor da patente, a música e os filmes nas mãos dos proprietários dos seus "direitos" e as telecomunicações nas mãos dos proprietários das linhas telefônicas. O livre acesso à propriedade intelectual, ao entretenimento e às comunicações sem qualquer pagamento ou mediante um pagamento cada vez mais acessível a uma população global maciça era quase uma realidade. Segundo algumas estimativas, durante os primeiros anos do século XXI, 350 milhões de pessoas recorreram a alguma estação pirata para ouvir música e mais de 2,6 bilhões de documentos protegidos por direitos autorais eram trocados mensalmente. No início do século XXI, mais de 50% dos americanos on-line (38% de todos os adultos dos Estados Unidos) usavam suas próprias fontes na Internet, considerando-as uma forma importante de descobrir o que estava acontecendo no mundo. Cerca de 20% dos americanos julgavam a Internet uma das principais fontes de notícias sobre as eleições e recorriam a ela para suplementar ou substituir os meios de comunicação e a imprensa, jornais e revistas.[6]

A capacidade das pessoas de criar suas próprias redes, de construír suas próprias bibliotecas de obras de consulta e de se educar nunca foi tão grande. E a probabilidade dos canais e fornecedores oficiais de perder a "lealdade" dos seus clientes nunca foi tão acentuada.

Assim, nos dois extremos, encontramo-nos no limiar da Era da Sociedade em Rede *ou* da Era do Individualismo.

Terceiro fenômeno: A compressão do tempo, da distância e do acesso

O terceiro fenômeno é a compressão ou colapso do tempo, do preço, da distância e do acesso. Tal fenômeno resultou em maior capacidade de atingir audiências mais vastas e também uma nova capacidade de participação a uma velocidade sem precedentes.

A DESTRUIÇÃO DE CICLOS TEMPORAIS DE VIDA, O COLAPSO DOS PREÇOS E O CRESCIMENTO DA ACESSIBILIDADE

Assistimos ao colapso do tempo. Tal fenômeno é evidente no esgotamento dos ciclos de vida dos nossos produtos e serviços. No final do século XX, o tempo que se demorava para lançar um produto, o tempo necessário para recolher lucros, o tempo antes de o produto se tornar obsoleto e o tempo necessário para lançar seu substituto tinham entrado em colapso em inúmeras indústrias, da indústria do calçado aos meios de entretenimento, passando pela indústria eletrônica. A prestação de serviços, como a consultoria de gestão, os serviços de TI e a terceirização do processamento de negócios mantinham sua posição de domínios de "valor elevado". No entanto, nos primeiros anos do século XXI, assistiu-se ao colapso do valor temporal de opções sobre ações dessas indústrias em virtude do excesso de oferta, da destrutiva competição de preços e da entrada no mercado de países de custos mais baixos, como a Índia e a China. A redução dos preços de produtos e serviços resultou num aumento da acessibilidade do consumidor a todos os produtos. Partindo praticamente do zero, no final da Segunda Guerra Mundial, a televisão, o telefone, os telefones celulares e os eletrodomésticos encontravam-se, na virada do século XXI, em escala maciça ao alcance da população mundial.

Nossa capacidade de avançar mais rapidamente no processo de invenção-destruição-substituição nunca foi tão grande. No entanto, neste momento entramos numa era de qualidade cada vez mais elevada com preços cada vez mais reduzidos. Por isso, nossa incerteza sobre como criar um sistema sustentável de empreendimentos nunca esteve sob pressão semelhante.

Assim, nos dois extremos, encontramo-nos no limiar da Era da Compressão do Tempo e do Espaço *ou* da Era da Compressão do Valor.

O COLAPSO DA DISTÂNCIA

Com o aumento do número de viagens internacionais, as barreiras geográficas foram destruídas. As superpotências da história sempre atraíram mercadores, artistas e trabalhadores. Os Estados Unidos, tal como Alexandria, Roma e Londres antes deles, são um ímã para aventureiros, pioneiros e todos os que buscam poder, fama e riqueza. O tempo de viagem da Inglaterra para Nova York passou de 18 dias, na década de 1930, utilizando o motor a vapor, para seis horas e meia de avião. Nos primeiros anos do século XXI, cerca de 540 milhões de pessoas por ano viajavam para locais que em épocas anteriores eram considerados um privilégio dos ricos. Em média, sua estada era de apenas uma semana.[7]

Nossa capacidade de chegar a todas as partes do globo com rapidez e facilidade em viagens de negócios ou de lazer nunca foi tão grande. E a possibilidade de nos deslocarmos por todo o mundo rapidamente e em segredo para nos envolvermos em guerras, atos de terrorismo e de perturbação do meio ambiente nunca foi tão elevada.

Assim, nos dois extremos, encontramo-nos no limiar da Era do Alcance Global *ou* da Era da Perturbação Global.

A DENSIDADE POPULACIONAL

As densidades populacionais têm aumentado dramaticamente ao longo da história. Crê-se que a maior cidade do mundo em 3100 a.C. era Mênfis, no Egito, com uma população de 30 mil habitantes. Em 612 a.C., Babilônia foi a primeira cidade a ultrapassar os 200 mil habitantes. Em 637, Bagdá, no Iraque, tornou-se a primeira cidade a contar com mais de 1 milhão de habitantes. Em 1825, o recorde pertencia a Londres, cuja população ascendia aos 5 milhões. Em 1925, o recorde tinha passado para Nova York, com uma população de 10 milhões, e em 1965 esse recorde foi quebrado por Tóquio, que contava com 20 milhões de habitantes.[8]

Em 1800, apenas 3% da população mundial viviam em zonas urbanas. Em 1900, essa percentagem subiu aos 14%. Em 1950, atingiu os 30% e, no ano de 2000, 47% da população mundial viviam em centros urbanos. A densidade da riqueza aumentara também substancialmente, de tal forma que, no final do século XX, os 20 países mais ricos detinham riqueza mais de 50 vezes superior à dos 20 mais pobres.[9]

No início do século XXI, tudo indica que esse padrão populacional continuará valendo. A necessidade de mão-de-obra das cidades densamente povoadas e ricas não poderia ser satisfeita por suas próprias populações nativas. A expectativa da primeira onda de países modernizados do século XX – países como Japão, Alemanha, França, Reino Unido e Estados Unidos – era a de necessitarem de milhões de imigrantes para as suas cidades poderem funcionar. Entretanto, na alvorada do século XXI, as economias de alto potencial, particularmente a China e a Índia, começaram a sentir a riqueza dos países da primeira onda passando para suas mãos. Com ela, milhões de pessoas invadiram suas cidades mais importantes. A China anunciou a criação de 50 Vales do Silício, dos quais cerca de 12 parecem ser bastante promissores, e a atribuição de fundos governamentais destinados à inovação num montante de 50 a 70 bilhões de dólares. Esses dois fatores, acrescentados aos cerca de 60 bilhões de dólares anuais em investimento direto estrangeiro em seu território, significam que esses centros se tornaram ímãs para indivíduos de talento.[10]

Nossa capacidade de criar riqueza continua concentrada em um número cada vez maior de centros e nunca foi tão pronunciada. E nosso potencial de ameaçar a criação de riqueza dos centros existentes nunca foi tão grande. Com o aparecimento dos novos centros, a ameaça ao Vale do Silício americano, aos centros japoneses de eletrônica, aos centros econômicos de banda larga da Coréia do Sul, ao centro financeiro de Cingapura e aos centros europeus de tecnologia e biotecnologia do Reino Unido, Alemanha, França e Irlanda nunca foi tão considerável.

Assim, nos dois extremos, encontramo-nos no limiar da Era dos Vales do Silício Globais *ou* da Era da Competição Destrutiva dos Vales do Silício.

Quarto fenômeno: O desencadeamento da criatividade em todos os cantos do mundo

O quarto fenômeno consiste no desencadeamento da criatividade em todos os cantos do mundo baseado em mais invenção, maior número de trabalhadores do conhecimento e maior participação.

O AUMENTO EXPONENCIAL DA INVENÇÃO

Em 1843, numa afirmação que veio a se tornar famosa, o diretor da organização de patentes dos Estados Unidos declarou que nos aproximávamos do momento em que o progresso humano teria de chegar ao fim. Embora não se saiba ao certo se ele acreditava de fato que esse momento era iminente, ninguém poderia ter previsto o desencadeamento do potencial inventivo do homem que teve início no século XX.

A combinação de guerra, ideologia e capitalismo, em oposição ao comunismo, estimulou o homem a derrubar novas barreiras. Deu-se início a uma série de corridas. A corrida ao processamento de informação política impulsionou a construção de supercomputadores. A corrida à posse da maior ameaça estimulou a criação de armas atômicas. A corrida ao fornecimento de energia para os centros fabris impulsionou a construção de centrais de energia nuclear. A corrida à declaração da superioridade de um estilo de vida sobre todos os outros levou o homem a pousar na Lua. No final desse período, tínhamos supercomputadores, superarmas, superenergia e veículos espaciais superterrestres. Os Estados Unidos, líderes em tecnologia e negócios, impulsionaram as revoluções no acesso à Internet e na distribuição de meios de comunicação. Esse impulso culminou no boom da Internet no ano de 2000. E, assim, entramos no século XXI com as tecnologias de base que tornaram possível encetar novos desenvolvimentos. Essas tecnologias de base nos permitiriam começar a decodificar o código quântico dos átomos, o nanocódigo da matéria e o código genético humano.

Nunca experimentamos, como atualmente, a energia de tanto potencial inventivo. E os códigos éticos, morais e espirituais, segundo os quais vivemos, jamais nos pareceram tão inadequados para dar conta dos perigos potenciais com que deparamos em conseqüência das nossas invenções.

Assim, nos dois extremos, encontramo-nos no limiar da Era da Superciência *ou* da Era da Ciência da Destruição em Massa.

A PRODUÇÃO AUTOMÁTICA DA TECNOLOGIA, DO DESIGN E DE RECURSOS DE ENGENHARIA

Para alimentar essa criatividade, necessitávamos ser capazes de produzir máquinas e recursos especializados. A nova era seria dirigida por pessoas denominadas "trabalhadores do conhecimento". Seu papel consistiria em transformar os materiais por meio do conhecimento especializado. Esse uso do conhecimento continha a promessa de nos conduzir a uma nova prosperidade.

Durante o século XX, a ascensão dos Estados Unidos e o desenvolvimento do comércio com seus aliados tiveram como conseqüência a localização, em seu território, do maior banco de ativos de conhecimento – indivíduos e direitos de propriedade intelectual. Seu exemplo levou os japoneses a participarem mais efetivamente no mundo global dos negócios durante a década de 1980. Nas duas últimas décadas do século XX, os chineses e, em seguida, os indianos também começaram a participar com maior empenho nesse mundo dos negócios. Embora seja difícil indicar números exatos, as estimativas apontam para cerca de 200 mil engenheiros formados em universidades e institutos técnicos chineses no ano 2000. Um contingente comparável passou pelas instituições de ensino superior da Índia. Poucos anos depois, esse número já aumentara para 300 a 400 mil tanto na China como na Índia, com cada um desses países formando quase o triplo do total de engenheiros formados nos Estados Unidos. Segundo várias estimativas, o salário deles situava-se entre um quarto e um décimo do salário dos engenheiros americanos em funções equivalentes. Muitos países europeus fecharam seus departamentos científicos e permitiram-se ficar para trás na corrida pela formação de engenheiros. No início do século XXI, os americanos começaram a perder a esperança de poder competir com o volume e o custo dos engenheiros asiáticos. A participação da China e da Índia começou a ser encarada como uma ameaça à prosperidade americana. Aparentemente, alguns americanos, além de terem esquecido que ocupavam posições proeminentes, também esqueceram que contavam com o banco de propriedade intelectual mais talentoso e avançado do mundo.[11]

Nunca fomos capazes de produzir tanta quantidade de talento humano baseado no conhecimento. E nunca tivemos uma capacidade tão elevada de aplicar esse talento a batalhas no âmbito dos negócios e do comércio.

Assim, nos dois extremos, encontramo-nos no limiar da Era dos Trabalhadores do Conhecimento *ou* da Era da Batalha das Economias do Conhecimento.

O CRESCIMENTO DO VOLUME DE CONHECIMENTO E DA PARTICIPAÇÃO DE NAÇÕES MAIS POBRES

Após a Segunda Guerra Mundial, a ênfase deslocou-se da guerra militar para a guerra da propaganda e dos grupos econômicos. A Rússia soviética e os Estados Unidos da América consolidaram corporações econômicas, universidades, exércitos e agências de inteligência, e competiram para atrair mentes, criar poder e construir riqueza. No final do século XX, os Estados Unidos tinham obtido uma vitória aparentemente tão completa e inquestionável que o estilo de vida americano parecia prestes a dominar o mundo. Os meios de comunicação populares definiam esse sistema como a ideologia do capitalismo: democracia, livre-comércio e globalização. O mundo, particularmente os chineses e os indianos, parecia aceitar os aspectos fundamentais do sistema e da ideologia. Aos poucos, inicialmente de modo quase imperceptível, os chineses e os indianos aumentaram seus recursos. Em 2004, a idéia da ascensão dos países do chamado grupo BRIC (Brasil, Rússia, Índia e China), especialmente a ascensão incomparável da China e da Índia, já era reconhecida por todos. Infelizmente, encontrávamo-nos numa época de incerteza e insegurança globais e a reação dos vencedores ideológicos do século XX à participação bem-sucedida dos chineses e dos indianos foi proteger seu *status*. Essa reação deu-se apesar de, nesse período, a soma da receita bruta das seis maiores corporações, todas elas pertencentes a nações ricas, exceder os orçamentos nacionais de 30 países, que representavam 50% da população mundial.

Nossa capacidade de derrubar barreiras científicas, inventar e produzir nunca foi tão considerável. No início do século XXI, o apetite crescente dos bilhões de consumidores chineses e indianos chegou mesmo a proporcionar as condições potenciais para incluir o continente africano numa revolução de prosperidade. Infelizmente, nossa tendência para empregar os trabalhadores do conhecimento em batalhas comerciais internacionais e intranacionais parece cada vez maior. A mensagem para as nações mais pobres é que a ideologia é oca: o interesse próprio, como acontece freqüentemente na história, será o condutor das medidas políticas.

Assim, nos dois extremos, encontramo-nos no limiar da Era da Prosperidade Global *ou* da Era do Interesse Próprio e do Protecionismo.

Quinto fenômeno: A interligação dos povos por meio de múltiplos sistemas globais

O quinto fenômeno consiste na interligação dos povos do mundo por meio de múltiplos sistemas globais: sistemas de informação e comunicação, sistemas de pagamento pessoal e sistemas de mercados de capitais.

INTERLIGAÇÃO POR MEIO DA WORLD WIDE WEB, DOS MEIOS DE COMUNICAÇÃO GLOBAIS E DOS CANAIS GLOBAIS DE TELECOMUNICAÇÃO

Os persas deram a Alexandre, o Grande, uma rede de comunicações que ligava todos os cantos do seu império. O Império Romano utilizava um sistema que ligava cada um dos seus soldados a seus entes queridos em Roma. O Império Britânico utilizou a rede de ferrovias para estabelecer ligações entre as cidades de todas as nações que conquistou, facilitando assim o livre fluxo de trocas comerciais e de comunicação e o controle dos povos nativos. Tivemos de esperar pela revolução da tecnologia da informação para assistir a mudanças mais fundamentais na forma como estabelecemos ligações uns com os outros. Durante o boom tecnológico dos últimos anos do século XX, surgiram tecnologias que ligaram o homem às máquinas e as pessoas umas às outras. Essas tecnologias eram os computadores, as telecomunicações terrestres, as redes de meios de comunicação terrestres e por satélite, as comunicações móveis e todo o tipo de sensores. No início do século XXI, as redes e os instrumentos de cada uma dessas tecnologias, em grande medida estanques, começaram a convergir e a tornar-se interoperáveis. Estavam prontos para serem unificados por uma World Wide Web.

Nunca tivemos capacidade semelhante de ligar cada pessoa e coisa a tudo e a todos. Não são apenas os ricos, os privilegiados e os homens livres que se encontram ligados, mas também os mais pobres, os mais desfavorecidos e as maiores vítimas que se encontram no limiar do acesso às idéias e pessoas que poderiam ser os seus salvadores. No entanto, a utilização da Internet no início do século XXI demonstra que a tendência geral é utilizar essa enorme capacidade para fins de pornografia, jogo e fofoca. É enorme a possibilidade de empregar essa tecnologia, principalmente, para fins triviais e de propaganda.

Assim, nos dois extremos, encontramo-nos no limiar da Era da Comunicação *ou* da Era das Atividades Triviais.

LIGAÇÃO A RECURSOS FINANCEIROS E LIBERDADE DE GASTAR POR MEIO DE SISTEMAS GLOBAIS DE PAGAMENTO

Em quase toda nossa história, as pessoas têm-se dividido em dois grupos: o grupo das que têm dinheiro para pagar e o das que não o têm. Essa separação continuará a manter-se, em certo nível. No entanto, para um número substancial de pessoas e para a maioria das suas compras, quer se trate de um chocolate ou de um automóvel, essa divisão foi superada.

No início do século XXI, o cartão global de pagamento era um dos símbolos do capitalismo consumista, libertando as pessoas das restrições impostas por sua capacidade imediata de pagar o que desejavam adquirir. Permitia-lhes, igualmente, ter acesso a seu dinheiro em todo o mundo e pagar dispensando as notas e as moedas. Essa situação passou a ocorrer tanto nas vilas de Mianmar como nas ruas de Manhattan. O sistema global de pagamento Visa International permitia às pessoas gastarem para lá de suas posses. Foram processados cerca de 1 trilhão de dólares em transações de cartões de crédito americanos e britânicos por meio de sistemas de pagamento mundiais. Nos primeiros anos do século XXI, já começava a ficar evidente que os asiáticos seguiriam esse padrão de comportamento.

A capacidade de as pessoas de todo mundo pagarem suas aspirações e sonhos nunca foi tão grande. E o potencial de os fornecedores dos sistemas de pagamento explorarem nosso desejo de viver uma fantasia além das nossas posses nunca foi tão exagerado.

Assim, nos dois extremos, encontramo-nos no limiar da Era da Liberdade Financeira Pessoal *ou* da Era da Ganância Financeira Pessoal.

INTERLIGAÇÃO DE MERCADOS DE CAPITAIS E SUA CAPACIDADE PARA MOVIMENTAR DINHEIRO POR MEIO DE SISTEMAS GLOBAIS DE TRANSAÇÕES FINANCEIRAS

Ao longo dos tempos, o comércio mundial passou por centros onde os homens de negócios se encontravam para lançar suas apostas e colher seus lucros. Entre os antigos centros históricos estavam Atenas, Alexandria, Roma e Constantinopla. Quando a influência dessas cidades se dissipou, registrou-se um período de relativa estagnação na Europa. Entre os séculos XI e XVIII, o crescimento da riqueza material na Europa e na América do Norte foi insignificante. No século XIX, o crescimento atingiu quase 200%, e no século XX, 2.000%. No final do século XX, a humanidade assistia à maior criação de riqueza da história, com Nova York e Londres transformando-se em centros dominantes.[12]

No período final do século XX, a tecnologia, o conhecimento e a facilidade de acesso permitiam ao capital movimentar-se com maior liberdade nos mercados de todo o mundo. Nos últimos 25 anos do século, os mercados de capitais da Ásia (embora ainda comparativamente pequenos) ultrapassaram os mercados americanos e britânicos na taxa de crescimento do valor de mercado das ações. Verificou-se uma valorização de 80% das ações no setor da tecnologia nos mercados asiáticos contra 14% nos mercados americanos e britânicos, 23% no comércio varejista contra 14%, e 20% nos serviços financeiros contra 16%. De fato, em todas as indústrias, à exceção da farmacêutica, o desempenho dos mercados asiáticos ultrapassou o dos mercados de capitais americanos e britânicos, e excluindo o setor das telecomunicações, também o dos japoneses. Isso não significa que os asiáticos tenham sido os maiores beneficiários desse desempenho.[13]

A livre circulação de capitais e o acesso a centros internacionais de transações proporcionaram aos capitalistas mais ágeis a oportunidade de fazer dinheiro. Na maior parte dos casos, esses pioneiros eram americanos e assumiam a forma de grandes investidores institucionais, instituições financeiras especializadas chamadas "fundos *hedge*", fundos de "*private equity*", capitalistas de risco e investidores individuais. Esse capital diferia enormemente quanto à projeção futura e a duração dos investimentos. O capital que obtinha maiores lucros era, com freqüência, o mais rapidamente movimentado e o mais especulativo. O maior impacto dessa tendência verificou-se durante a crise asiática, quando o valor de mercado dos ativos financeiros da Indonésia e da Coréia do Sul teve uma queda de quase 75%. Na Tailândia e nas Filipinas, esses ativos perderam entre 30 e 40% do seu valor. Tinha nascido um novo tipo de saqueador. Ironicamente, esses eram os mercados asiáticos mais abertos em termos de acessibilidade a investidores estrangeiros. Essa abertura era considerada um fator-chave no desenvolvimento desses países. Por outro lado, a China e a Índia, que não tinham participado da liberalização dos seus mercados de capitais, viram seus ativos perderem, respectivamente, 1% e 10% de seu valor de mercado.[14]

A capacidade de investimento em todo o mundo dos capitalistas mais ágeis nunca foi tão grande. Isso significa que, agora mais do que nunca, os inovadores de todo o mundo têm uma oportunidade única de acesso a fundos para subsidiar suas idéias. No entanto, dado o curto prazo da circulação de capitais, particularmente dos capitais mais lucrativos, a capacidade de abalar a estabilidade financeira das nações nunca foi tão grande.

Assim, nos dois extremos, encontramo-nos no limiar da Era do Capitalismo *ou* da Era dos Capitalistas.

Sexto fenômeno: A ascensão de posições fixas e da assimetria

O sexto fenômeno consiste na ascensão de posições fixas e da assimetria impulsionada pelo avanço da ideologia, das guerras desiguais e das diferenças estruturais entre as nações.

A TRANSFORMAÇÃO DA RELIGIÃO E O AVANÇO DA IDEOLOGIA

Ao examinarmos o longo curso da história, assistimos à ascensão e à queda de religiões. Em seu apogeu como superpotências, Grécia e Roma adotaram uma atitude inclusiva em relação aos deuses de outras civilizações, embora seus próprios deuses mantivessem o estatuto de entidades nacionais. Na verdade, diz-se que, em suas viagens, Alexandre, o Grande, adotou as práticas dos persas e levou consigo os espiritualistas da Índia. Com o cristianismo, assistimos à ascensão da religião mais global e com maior número de praticantes. Em suas múltiplas formas, o cristianismo foi zelosamente difundido pelos impérios europeus na África, no Oriente Médio e na Ásia por meio de cruzadas ideológicas e mercantis. O judaísmo tornou-se igualmente uma força global nas mais importantes capitais, embora seu povo se tenha disseminado sem quaisquer aspirações ideológicas de converter as populações locais. O hinduísmo propagou-se por todo o subcontinente indiano. O budismo espalhou-se pela China, pelo sudeste asiático e pelo Japão. A religião islâmica, mais recente, transformou-se numa força regional no Oriente Médio e no sudeste asiático.

Quando, no século XV, o homem começou a pôr em questão os ensinamentos da Igreja durante o renascimento das artes e das ciências, o cristianismo passou a perder seu estatuto de força ideológica e a se transformar numa norma cultural. Aos poucos, o número de fiéis praticantes entrou em declínio e, em muitas partes do mundo, essa norma cultural dissipou-se também. No final da Segunda Guerra Mundial, experimentou-se, em muitas partes do mundo, uma sensação de libertação renovada. Embora as religiões tivessem se tornado globais, a força ideológica que as espalhara e infiltrara na vida das pessoas praticamente já não existia. No final do século XX, a Internet proporcionava a quase todo mundo a possibilidade, independentemente da sua crença religiosa, de examinar as palavras de Cristo e seguir a exortação de nos amarmos uns aos outros, e também de estudar as palavras de Buda e procurar a iluminação espiritual. No Ocidente, o cristianismo transformara-se numa prática social, e o hinduísmo e o budismo, numa busca espiritual pessoal. O judaísmo continuava a ser uma questão pessoal e comunitária para uma diáspora de israelitas bem-sucedidos. Somente o Islã mantinha seu estatuto de potente força ideológica. Em reação ao que era freqüentemente referido como um Islã "fundamentalista", surgiram novas variantes mais assertivas do cristianismo, do judaísmo e do hinduísmo. Por intermédio das redes globais dos meios de comunicação, os líderes dos povos dos países onde essas variantes mais assertivas lançavam raízes apresentaram argumentos que advogavam a guerra, o assassinato, a segregação e a retaliação brutal de uma forma que persuadia as massas, sustentando simultaneamente que, ao advogá-las, estavam apenas seguindo os ensinamentos de sua religião.

A capacidade do mundo de aceitar e realizar as instruções espirituais dos grandes líderes religiosos da história nunca foi tão imensa. No entanto, perante o inimigo, a capacidade de renovar o vigor da ideologia permanece tão forte como sempre.

Assim, nos dois extremos, encontramo-nos no limiar da Era da Consciência Mais Elevada *ou* da Era da Batalha das Ideologias.

GUERRAS E BATALHAS ASSIMÉTRICAS E A ASCENSÃO DE PEQUENAS FORÇAS

Que grandes forças lutem contra forças pequenas não é um novo conceito para o mundo. Todas as principais superpotências se impuseram a nações menores para conquistar terras, povos e outros recursos. No seu auge, os impérios apoderam-se de enormes territórios. O Império Bizantino ocupava uma área um pouco superior a 5 milhões de quilômetros quadrados no ano 550; o Império Árabe, cerca de 28 milhões no ano 700; o Império Mongol, cerca de 64 milhões em 1300; o Império Ming, cerca de 19 milhões em 1450; o Império Otomano, cerca de 13 milhões de 1600 até 1900; e no século XX o Império Britânico estendia-se por cerca de 90 milhões de quilômetros quadrados.[15]

No início do século XXI, os Estados Unidos possuíam um território nacional maior do que qualquer superpotência da história e um nível de influência sem precedentes exercido por meio do comércio, do investimento estrangeiro direto, da distribuição de meios de comunicação, de corporações econômicas globais, da participação em mercados de capitais e venda de produtos e serviços americanos. Após um dos grandes acontecimentos imprevistos da história, o ataque às Torres Gêmeas, em Nova York, em 11 de setembro de 2001, os Estados Unidos decidiram que havia chegado o momento de demonstrar seu enorme poderio militar às forças inimigas, pequenas, mas determinadas. O orçamento militar e de defesa americano para 2003 ultrapassava os 400 bilhões de dólares. Esse fator os transformava na primeira hiperpotência da história. Contudo, os Estados Unidos possuíam também 2.450 edifícios reconhecidos mundialmente, 2.800 centrais de produção de energia e 55 mil sistemas comunitários de fornecimento de água; entravam no país 12 milhões de contêineres de mercadorias e 500 milhões de visitantes estrangeiros; o país contava com quase 153 mil quilômetros de fronteiras e transações financeiras no valor de 11 trilhões de dólares, realizadas pela Bolsa de Valores de Nova York para manter seu poder econômico. Poderá um país tão grande proteger-se de uma força pequena, determinada e furtiva?[16]

A capacidade bélica de uma superpotência nunca foi tão imensa. E seu potencial para sofrer perdas enormes perpetradas por uma pequena força nunca foi tão grande.

Assim, nos dois extremos, encontramo-nos no limiar da Era da Hiperpotência *ou* da Era do Fim das Superpotências.

DIFERENÇAS ESTRUTURAIS ENTRE NAÇÕES

No século XX, criaram-se novos rótulos para os ricos e para os pobres. Aos primeiros, chamou-se o Mundo Desenvolvido, aos segundos, o Mundo em Desenvolvimento ou Terceiro Mundo. Essa linguagem era também utilizada, em um sentido absoluto, pelos membros do "Mundo Desenvolvido", que, assim, implicitamente assumiam que a história tinha chegado ao fim e os resultados podiam ser agora apurados.

Chegaram à conclusão de que o Mundo Desenvolvido tinha vencido. Porém, pouco tempo depois, nos primeiros anos do século XXI, viriam a descobrir que, evidentemente, essa linguagem era inadequada e que a conclusão havia sido prematura. Era necessário que os rótulos fossem bastante mais sofisticados caso se pretendesse reconhecer o progresso da China, da Índia e de outros países no sudeste asiático, bem como o de alguns dos países da América Latina, leste europeu e Oriente Médio. Até mesmo entre os países africanos, que, em grande medida, tinham ficado para trás na corrida, existiam diferenças dignas de nota, como o caso de Botsuana. Além disso, regiões menores e cidades como Hong Kong e Cingapura, e os países escandinavos, desfrutavam de um estilo de vida mais saudável, próspero, compassivo e menos corrupto do que o restante do Mundo Desenvolvido. A necessidade de uma nova análise e de uma nova linguagem era evidente, mas tanto uma como a outra ainda não existiam.

Os países mais desfavorecidos eram os que contavam com piores condições estruturais: um clima inclemente castigava-os com secas, governantes despóticos infligiam a violência e duras condições de vida às suas comunidades, verificando-se igualmente uma carência de instituições eficazes de educação e emprego. Em 2003, essa pobreza estrutural traduzia-se no fato de 1,1 bilhão de pessoas, cerca de um sexto da população mundial, não terem acesso a água potável. Além do mais, 2,6 bilhões de pessoas, cerca de dois quintos da população mundial, careciam de acesso a condições sanitárias adequadas. Em contraste, os países mais ricos do mundo, que representam somente 20% da população global, utilizavam 80% dos recursos globais. Essa desigualdade era sublinhada pelo fato de a riqueza das 11 pessoas mais ricas do mundo ser equivalente à dos 49 países menos desenvolvidos, num montante de 136,5 bilhões de libras.[17]

Nossa capacidade de solucionar o problema da pobreza estrutural nunca foi tão elevada, dados os recursos financeiros, intelectuais e comerciais de que dispomos. Também nossa capacidade de continuar ignorando o mundo que encontramos ao dobrar a esquina nunca foi tão pronunciada.

Assim, nos dois extremos, encontramo-nos no limiar da Era da Abundância *ou* da Era das (In)Diferenças Estruturais.

Sétimo fenômeno: A presença de um poder latente avassalador

O sétimo fenômeno consiste na existência de um poder avassalador para destruir, vencer guerras e justificar nossos meios e nossos fins.

A CAPACIDADE DE DESTRUIR O MUNDO UM GRANDE NÚMERO DE VEZES

Os grandes poderes inventivos levaram ao armamento em larga escala e a procura de armamento em larga escala conduziu a grandes poderes inventivos. As primeiras ondas de invenções – a roda, a pólvora, o aço – resultaram na criação de armas para o combate pessoal ou em campos de batalha. Invenções posteriores – os aviões, os computadores, as reações atômicas – nos proporcionaram armas de destruição em massa. Na corrida das superpotências do século XX, a União Soviética e os Estados Unidos acumularam armas de destruição em massa. Após o colapso e dissolução da URSS, esse poderio bélico e os especialistas que compreendiam a tecnologia que ele empregava espalharam-se por um grupo maior de países.

A Guerra do Iraque de 2003 constituiu um marco crucial por uma série de razões. Potencialmente, possuía a capacidade de redefinir as relações no Oriente Médio, regulamentar uma das maiores reservas petrolíferas do mundo, desmantelar um regime amplamente considerado nefasto, enviar um aviso a países inimigos dos Estados Unidos sobre as conseqüências de sua hostilidade e criar condições para que o povo iraquiano pudesse adotar um regime democrático. Contudo, o resultado revelou deficiências na avaliação política, estratégia e tática e, inicialmente, esteve longe de concretizar o resultado positivo que algumas pessoas esperavam. As lições aprendidas pelos inimigos dos Estados Unidos foram: possua e disponha-se a utilizar armas nucleares; na falta de armas nucleares, perca a batalha rapidamente e, em seguida, trave uma guerra de guerrilha longa e paciente; sabote os objetivos políticos dos americanos, criando, por exemplo, cisões entre eles e seus aliados ou alinhando-se a países vizinhos para influenciar a política da terra conquistada; acima de tudo, seja paciente. O fosso entre a intenção e o resultado pode ter conseqüências imprevistas extremamente onerosas. Com o crescente potencial destrutivo das nossas armas, as conseqüências negativas afiguram-se cada vez mais sérias.

Nossa capacidade de destruição nunca foi tão extrema. Nossa aptidão para controlar essa capacidade destrutiva parece estar escapando de nossas mãos.

Assim, nos dois extremos, encontramo-nos no limiar da Era da Intervenção Militar Estratégica *ou* da Era do Revés Político.

A CAPACIDADE DE GANHAR GUERRAS MAIS RAPIDAMENTE DO QUE NUNCA

Os impérios da história assentavam no poderio e na eficácia de sua organização militar. A rapidez e a flexibilidade eram aplicadas, principalmente, a táticas de batalha e ao combate pessoal e não às guerras em sua totalidade. No início do século XXI, a capacidade potencial de alterar a natureza da própria guerra estava a nosso alcance. O poder de aniquilar o inimigo à distância continuara aumentando. O mosquete contra a espada transformou-se na campanha de bombardeio aéreo contra o inimigo entrincheirado. Podíamos, então, arrasar as posições do inimigo em parte ou, se assim o quiséssemos, todo seu território e, a seguir, avançar para negociações com aqueles que tínhamos deixado em ruínas.

A Primeira e a Segunda Guerras Mundiais, na primeira metade do século XX, prolongaram-se por quatro e sete anos, respectivamente, resultando num total de mortos estimado em 37 milhões, na Grande Guerra, e 61 milhões, na Segunda Guerra Mundial. Na última década do século XX, a primeira Guerra do Iraque durou, aproximadamente, seis semanas. A segunda Guerra do Iraque, em 2003, transcorreu na metade desse tempo. As superpotências possuíam a capacidade de concluir a parte da luta armada "formal" de suas guerras mais rapidamente do que nunca.

Contudo, o soldado americano, instruído para acreditar que era o libertador do povo iraquiano, foi apedrejado, amaldiçoado e alvejado. As guerras rápidas não extenuaram o inimigo nem lhe abateram o espírito. O inimigo continuava disposto a lutar após os agressores terem declarado vitória. Ao contrário dos períodos subseqüentes às longas guerras de fases anteriores da história, nos quais os vencedores podiam impor seu domínio, em guerras posteriores verificou-se que não era fácil transformar e reconstruir as terras conquistadas.

De modo similar, passamos a contar com maior capacidade de vencer guerras entre corporações econômicas com uma rapidez nunca vista. O crescimento das fusões e aquisições de grande escala criara empresas com dimensões enormes, em nível global. Só no ano 2000, realizaram-se 39.499 negócios entre empresas envolvidas na compra ou fusão com outras empresas, que corresponderam a um montante de 3,4 trilhões de dólares.[18]

Nossa aptidão para ganhar guerras nunca foi tão evidente. Contudo, nossa capacidade de conquistar a paz continua sendo um desafio substancial.

Assim, nos dois extremos, encontramo-nos no limiar da Era das Guerras Rápidas *ou* da Era das Guerras Contínuas, por não sermos capazes de conquistar a paz.

A CAPACIDADE DE PROPAGAR A IDEOLOGIA NUM FLUXO CONSTANTE ENTRE AS MASSAS POPULACIONAIS

Existem forças no interior dos Sete Fenômenos Configuradores que sustentam a capacidade de influenciar as massas populacionais. Essas forças são: a história, o conhecimento e a sabedoria do homem a nosso alcance; a penetração maciça dos meios de comunicação em todos os lares do planeta; a comunicação interpessoal em massa por intermédio de máquinas; a interligação pela World Wide Web, os canais dos meios de comunicação globais e as telecomunicações globais; e o colapso da religião, aliado à ascensão da ideologia.

Essas forças tornam cada indivíduo apto a se tornar material e espiritualmente livre. Proporcionam igualmente, a cada detentor de poder, um enorme potencial para doutrinar as pessoas. É possível criar uma mensagem que combine ideologias políticas e religiosas, entretenimento e a promessa de sucesso material.

Assim, os indivíduos nunca tiveram tanta facilidade de acesso a tal quantidade de informação, ao desenvolvimento de suas próprias redes de informação e ao conhecimento. Do mesmo modo, nunca o poder da ideologia repousou tão fortemente no impacto e alcance dos meios de comunicação. Por conseguinte, nunca tivemos tanto poder para redefinir tão eficazmente pressupostos, crenças e aspirações.

Assim, nos dois extremos, encontramo-nos no limiar da Era da Liberdade Individual *ou* da Era da Escravização Ideológica.

A COMPLEXIDADE FENOMENAL E AS QUESTÕES FUNDAMENTAIS PARA OS LÍDERES

A situação mundial, descrita acima por meio dos Sete Fenômenos Configuradores, encontra-se, simultaneamente, cheia de oportunidades e carregada de perigos. Os desafios resultantes estão além do alcance dos atuais líderes e dos atuais métodos estratégicos. A situação em que vivemos é de grande profundidade, porque representa o maior desafio com que nosso modo de pensar já se defrontou. Os desafios aos líderes de empresas, sociedades e governos são imensos, porque ameaçam nossa capacidade de criar paz, prosperidade e liberdade. Esses são os Grandes Desafios dos nossos tempos.

Os grandes desafios

1. Como lidar com o aumento inexorável de expectativas à medida que as barreiras vão sendo derrubadas?
2. Como encontrar sentido no volume confuso e avassalador de informação e desinformação?
3. Como sobreviver num mundo com volume de produção em alta constante e preços em queda constante, no qual as pessoas dependem, cada vez mais, das máquinas para obter satisfação?
4. Como manter o valor de nossos bens quando outros imediatamente nos copiam e ultrapassam?
5. Como compreender um mundo no qual as pessoas, a informação e o dinheiro circulam livremente por todo o globo?
6. Como evitar ignorar os que vivem na pobreza, em condições de brutalidade e opressão como vítimas e agentes?
7. Como combater os que parecem invencíveis em sua oposição a nosso estilo de vida?
8. Como lidar com uma capacidade ilimitada de destruição?
9. Como libertar o potencial das pessoas?

Uma das formas de compreender os acontecimentos que para nós constituem desafios consiste em recorrer aos Sete Fenômenos. Contudo, não devemos considerar cada um dos fenômenos como uma força autônoma ou nos tornaremos dependentes deles. Cada um dos fenômenos multiplica-se ao interagir com os outros, criando acontecimentos que ultrapassam nossas abordagens atuais. Esse é o grande desafio que se apresenta ao homem. A natureza desse desafio é comum a governos, organizações e indivíduos.

Causas fundamentais

Existem cinco causas fundamentais dos problemas com que deparamos.

1. ***Estratégias físicas inadequadas*:** Tentamos impor resultados às situações. Como as variáveis (semelhantes às variáveis numa equação matemática) que definem uma situação transcendiam nossa experiência, nossa capacidade de criar estratégias coerentes ficou comprometida. Nossos pontos de vista sobre as situações tornaram-se inadequados. Por exemplo, antes podíamos apoiar-nos na compreensão do que uma força de grandes dimensões poderia fazer a uma força menor, mas uma série de fatores, em particular a tecnologia e a informação, alterou essa situação.

A quebra de normas físicas acontece em um ritmo que ultrapassa a velha fórmula estratégica.

2. ***Estratégias emocionais inadequadas*:** Essa previsão do comportamento foi abalada por uma série de forças-chave. Em primeiro lugar, o mundo tornou-se "menor", em termos de nossa capacidade de afetá-lo. Em segundo lugar, acostumamo-nos a resultados rápidos, em parte por causa do poder cada vez maior que o dinheiro detém na obtenção de resultados. Em terceiro lugar, não podemos agir de uma forma invisível para nosso público. Assim, como os fortes se impõem a um número cada vez maior de fracos mais rapidamente do que nunca, criaram reações potenciais que são imprevisíveis. As estratégias anteriores resultam em populações dominadas pelo medo, pela ira e pelo ódio. Dado o potencial crescente de acesso à tecnolo-

gia, ao capital e a viagens, dessas populações, a capacidade de prever sua reação está diminuindo.

A velha fórmula para prever o comportamento das populações é inadequada.

3. ***Estratégias competitivas inadequadas*:** Adotamos uma atitude de vencer ou perder. O legado da estratégia simplista baseada na conquista infiltrou-se em todas as áreas da vida. Tanto os governos como as empresas e os indivíduos competem para acumular poder e riqueza. A informação permitiu-nos elaborar tabelas classificatórias para todas as atividades e publicar os resultados, desde a educação até ao mundo dos negócios. Os maiores são considerados vencedores e uma das conseqüências dessa abordagem é o sacrifício de um grande número de outros valores. No entanto, a sustentabilidade do sucesso avaliado dessa forma foi abalada por alterações fundamentais na tecnologia, na redução do prazo necessário para fornecer produtos, no acesso global aos mercados, na capacidade de permitir um livre fluxo de capitais para sustentar as melhores idéias e no livre fluxo de informação. Algumas pessoas reagiram contra esse modo mais competitivo e procuraram definir uma via intermediária por meio de "alianças suaves", assim chamadas porque não se baseiam na troca de parcelas de propriedade. Temos também provas da inadequação dessas estratégias na obtenção de resultados positivos.

A dissolução de barreiras à competição tornou as velhas fórmulas estratégicas inadequadas.

4. ***Estratégias monetárias inadequadas*:** Concentramo-nos particularmente no dinheiro, acima de outros objetivos. Além disso, os resultados almejados pelas pessoas ambiciosas dividem-se, freqüentemente, em poder e fama. Uma série de fatores críticos facilita essa procura. O primeiro é a capacidade de especialização em todos os estratos da vida, que cria oportunidades para uma diversidade cada vez maior, podendo um número mais elevado de pessoas ser bem-sucedido sem ter de lutar contra os outros. O segundo é o crescimento do capital, que nos permite subsidiar praticamente qualquer iniciativa em qualquer parte do mundo. O terceiro é o aumento da capacidade de invenção de novos produtos, que nos proporciona o poder de traduzir nossos sonhos em realidades mais rapidamente do que nunca. Esses fatores, combinados, resultam num número sem precedentes de escolhas. No entanto, a escolha é, basicamente, controlada por um fator: o mecanismo regulador de todas essas coisas é o lucro obtido com o investimento. Como os mercados de capitais alocam capital com base no lucro dos investimentos e pretendem obter esses lucros cada vez mais rapidamente, muitas agendas ficaram por realizar. Assim, a forma como esses mercados são geridos é o fator que tem maior impacto sobre o que é ou não realizado. Com o objetivo de fazer dinheiro no centro das nossas estratégias, concentramo-nos cada vez menos nas questões e coisas que acrescentam valor à vida das pessoas.

A concentração excessiva de recursos na aquisição de riqueza leva a uma diminuição da ênfase sobre outras questões e à exclusão de todos que não são capazes de jogar de acordo com as regras do capital. Esses fatores revelaram a inadequação das fórmulas estratégicas atuais.

5. *Estratégias espirituais inadequadas*: Deixamos de consolidar a conscientização, o controle e o sentido de objetivo. Para simplificar, tomemos o sentido de espiritual como algo além da “superfície” da vida diária, como os bens materiais e o entretenimento sensorial, algo que toca um sentido inato de realização nas pessoas.

Três forças em particular se opõem à busca de uma via mais virtual. Em primeiro lugar, o volume e a eficácia crescentes dos meios de comunicação de massa insensibilizam-nos e ameaçam impor-se à nossa capacidade de julgamento. Em segundo lugar, o número de acontecimentos além do nosso controle que podem alterar significativamente nossas vidas continua aumentando. Em terceiro lugar, a ascensão global de uma cultura do capital conduz ao desejo e à busca de riqueza pessoal. Assim, agimos na esperança de que a aquisição dessa riqueza nos proporcione o enorme potencial para alterar as coisas para melhor. No entanto, o desejo de riqueza pessoal nos domina e, como não é possível sermos todos bem-sucedidos, a maioria sente-se insatisfeita.

As velhas fórmulas das religiões para melhorar nossa conscientização, proporcionar-nos maior controle sobre nossas vidas e permitir-nos buscar um objetivo mais elevado são inadequadas para nos ajudar a ultrapassar aquelas forças contrárias.

Um número crescente de variáveis encontra-se presente em todas as situações com que os líderes se defrontam. A potência dessas variáveis parece estar aumentando devido aos recentes avanços no desempenho das pessoas e das máquinas. Desse modo, as coisas que julgávamos simples e, por conseguinte, previsíveis, parecem ser muito mais complexas. Nossa compreensão desses fatores complexos só faz aumentar a incerteza. As verdades básicas em que nos apoiávamos previamente parecem-nos menos essenciais. Contudo, as fontes dessa incerteza são fundamentais; são constituídas por mudanças físicas, emocionais, competitivas, monetárias e espirituais.

No capítulo seguinte, examinaremos a adequação dos métodos estratégicos disponíveis e o impacto que eles têm sobre a estratégia de uma série de entidades, em particular governos, investidores e corporações econômicas, e também sobre os indivíduos.

2

A PERDA DE RELEVÂNCIA

> "As estratégias são destruídas quando se tornam modas. O plágio destrói estratégias e o plágio absoluto destrói estratégias absolutamente."
>
> *O livro do poder, dos objetivos e dos princípios*

O COMPORTAMENTO COMO CONTEXTO PARA A ESTRATÉGIA

Uma possível interpretação da história consiste em encará-la como a história da busca de sentido por parte do homem. A história mostra-nos que essa busca se inicia em todas as culturas logo que as necessidades básicas para a sobrevivência e segurança estão garantidas. A busca pode enveredar por múltiplas vias, que incluem a da caça, a feudal-imperial, a espiritual pessoal, a religiosa, a industrial e tecnológica, a idealista e a capitalista.

Cada uma dessas vias nos proporciona uma visão aprofundada do padrão de comportamento humano. Entre 10000 e 1000 a.C., as forças pujantes da conquista feudal conduziram à passagem da via da caça para civilizações de massa em todo o mundo. As civilizações estabeleceram-se por meio da via feudal-imperial. O império chinês, o egípcio, o indiano, o grego e o romano floresceram durante esses períodos e os imperadores substituíram os reis, que tinham, por sua vez, substituído os chefes. Ao longo do tempo, esses impérios tornaram-se corruptos e perderam sua superioridade. No milênio seguinte, por todo o mundo, grandes líderes espirituais mostraram às pessoas uma nova via espiritual para a iluminação. Moisés, Zoroastro, Buda, Cristo e filósofos como Confúcio e Platão apontaram o caminho a seguir. Suas visões intensamente pessoais foram adotadas pelos líderes que, nos 1.500 anos seguintes, estabeleceram a via da religião organizando os seguidores dessas fés. O cristianismo, o islamismo, o budismo e o hinduísmo lançaram suas raízes por todo o mundo. Do século XVI ao século XVIII, grande parte do mundo questionou os ensinamentos das religiões organizadas e desbravou uma via de exploração, industrialização e investigação científica. A tecnologia chinesa liderou o mundo até o século XVIII, quando o progresso europeu tomou a dianteira. Por meio de guerras e conquistas, as potências econômicas estabeleceram seu domínio em blocos do mundo. Estavam criadas as condições para as grandes guerras de ideais do século XX. O fascismo, o comunismo e o capitalismo lutaram entre si e, ao final do século XX, o capitalismo tinha vencido. Na sua vitória, encontravam-se as sementes da sua queda.

Em cada uma dessas fases, os defensores do modo dominante declararam vitória sobre a via anterior. Nesse processo, a via prévia continua detendo algum controle, mas, devido à natureza da nossa mentalidade de vitória, a via dominante mina a anterior. Somente destruindo parecemos ser capazes de encontrar o poder que buscamos. Desfrutamos atualmente de uma prosperidade nunca antes alcançada, mas nunca tivemos maior poder de criação ou de destruição. Com todo esse poder, regressamos a uma situação de necessidade de sobrevivência e segurança. A partir desse ponto, o resultado será determinado pela qualidade das nossas estratégias.

Cada via teve seus próprios estrategistas. Só passamos a ter acesso à experiência cumulativa do pensamento estratégico na última década do século XX. A Internet, a disseminação de computadores pessoais e de redes de banda larga e a queda espetacular do preço da palavra impressa conduziram ao crescimento exponencial da compilação e disseminação do pensamento em todo o mundo. Em todas as eras anteriores à nossa, os estrategistas tiveram de encontrar respostas praticamente a partir do zero e contando com um acesso muito mais reduzido do que o nosso à sabedoria de eras prévias. Devido aos recursos sem precedentes disponíveis atualmente, até que ponto nossos estrategistas e nossas estratégias são apropriados para dar conta da multiplicidade de desafios com que nos defrontamos?

Infelizmente, a resposta é que fomos ludibriados. Na melhor das hipóteses, erramos. Erramos nas coisas mais fundamentais, e também ao acreditar que a análise revelaria a resposta. Foi erro acreditar que somos estrategistas. Erramos ao acreditar que esquemas analíticos, métodos, modelos e fórmulas nos tornariam estrategistas.

Existem duas razões básicas para nossos erros. A primeira tem sua origem no processo de democratização política e social. Esse processo levou-nos a acreditar que a democracia requer igualdade muito além das liberdades básicas e fundamentais. Essa crença alastrou-se pelas sociedades democráticas em todos os níveis, particularmente em nossos sistemas educativos e entre empregadores e governos, nos quais foi entusiasticamente adotada, resultando na aplicação de rótulos que são factualmente incorretos. A igualdade de rótulos leva-nos a chamar um desenhista, de arquiteto, um ilustrador, de designer e um analista, de estrategista. Enquanto ingrediente essencial no processo de formulação de estratégias, os analistas estudam dados e estruturam-nos para um exame mais aprofundado. Recorrendo a esquemas conceituais, o analista também pode sugerir ações possíveis. Contudo, dada a natureza rígida e determinista desses esquemas, as ações possíveis serão fórmulas. É necessário um estrategista para detectar as possibilidades de ação, de vitória e de derrota.

O segundo erro básico provém de uma adesão rígida a uma abordagem racional. O problema centra-se na primazia do "recente", ou seja, atribui-se demasiada credibilidade ao passado recente. Nosso passado recente e a maioria dos novos desenvolvimentos físicos são impulsionados pela via científica racional. Esses novos desenvolvimentos estendem-se por inúmeros setores, incluindo tecnologias industriais, médicas, computacionais, agrícolas e de transportes. Uma das conseqüências é que as pessoas mais influentes na sociedade são a elite intelectual "racional" – não uma elite intuitiva, religiosa ou espiritual. Em sua abordagem, partem do princípio de que é possível obter a resposta para todas as coisas por meio de um método analítico e, então, processá-la para alcançar soluções completas. O perigo não reside na análise, mas na pressuposição de que ela constitui uma abordagem completa. O perigo não está no processamento, mas na aceitação do pressuposto de seu caráter absoluto. Esses problemas tornam-se mais complicados pela mentalidade de vitória, que nega abordagens alternativas. Um problema subsidiário consiste no fato de os vencedores atuais serem lógicos e estrategistas ocidentais, que assumem que os gregos foram os inventores da lógica formal e os europeus, seus herdeiros. Essa suposição, cujos fundamentos são precários, ignora duas das outras correntes do pensamento de grande riqueza no âmbito da lógica e do método científico: a exploração da lógica e da razão no século V a.C. pelo filósofo indiano Dignaga, a antiga lógica e casuística dos séculos I e II, bem como a utilização do método científico pelo taoísmo chinês por volta do século V a.C., tendo o filósofo Lao-tsé, à semelhança dos gregos e indianos, explorado a natureza da realidade e do conhecimento. A mentalidade de vitória levou à carência de uma exploração adequada dos frutos de outras culturas e das suas correntes de pensamento.

Nossas principais instituições educativas ensinam análise e chamam-na estratégia. Nossas principais corporações econômicas empregam analistas e os chamam de estrategistas. Nossas principais instituições de consultoria fornecem analistas aos seus clientes e os chamam de estrategistas. Poderíamos argumentar que não passam de meros rótulos. Poderíamos dizer que a verdade já foi reconhecida: o jovem a quem se chama estrategista é mero aprendiz às ordens de um chefe muito mais velho, que é o verdadeiro estrategista. A verdade é que, na maior parte dos casos, o chefe muito mais velho não passa de um analista mais idoso. A linguagem é importante. Os falsos rótulos tiveram uma ação erosiva sobre nossa integridade. Deixamos de empregar nosso discernimento.

O FRACASSO DA ESTRATÉGIA MODERNA

A estratégia tem, fundamentalmente, a ver com a diferença. Por isso, nega a igualdade, a tentativa de nivelar tudo ou a crença na existência de uma só resposta. A diferença requer saltos que ultrapassam o que os outros são capazes de compreender. A estratégia requer de nós que ultrapassemos:

- O que a obediência cega à analise pode revelar.
- O ponto ao qual conduz a partilha de pressupostos comuns.
- A direção para a qual aponta a sabedoria aceita.
- O que a aceitação de regras inadequadas nos proporciona.

Os métodos atuais de desenvolvimento de estratégias não nos proporcionarão progresso com a dimensão e a rapidez necessárias. Os pesquisadores e as autoridades acadêmicas nos campos da ciência estudaram muitos campos limitados e estabeleceram esquemas conceituais e fórmulas com os quais, a partir da complexidade, procuraram definir soluções para problemas específicos. Devido ao esforço concentrado dos cientistas, particularmente desde a Renascença, o número e a diversidade desses modelos criaram um substancial corpo de teoria e de conhecimento numa tentativa de explicação do mundo. Apesar desse investimento, ou talvez por causa dele, os cientistas revelam-se dispostos a queimar outras etapas do pensamento no âmbito científico. Suas teorias mais recentes – a mecânica quântica e o princípio da incerteza, a teoria do caos e a sincronicidade[1] – põem em questão os princípios subjacentes à compreensão anterior. Embora novas respostas e novos métodos estejam sendo desenvolvidos, talvez uma das lições mais significativas seja nossa aceitação de modelos como se fossem fatos. Essa nunca foi a intenção dos inventores dos modelos. Eles compreendiam as limitações de seus modelos, tal como a maior parte da elite dos nossos dias no seio da comunidade acadêmica e da investigação científica o compreende. Contudo, algures no uso comum desses modelos, esse fato foi esquecido e acabamos por respeitá-los como se eles fossem a resposta. No campo da estratégia, não tivemos ainda uma Renascença moderna e, por conseguinte, não dispomos da riqueza ou da diversidade de modelos necessária para explicar o mundo. No entanto, os que possuímos são tomados literalmente e resultaram em estratégias limitadas e perigosas, que nos levam a travar guerras desnecessárias, a destruir o ambiente e a competir excessivamente.

Os novos desenvolvimentos no pensamento estratégico, desde então, assumiram uma abordagem mais científica ao selecionarem campos mais limitados e produzirem modelos para os estudar. Infelizmente, dada a carência de investimento no desenvolvimento do pensamento estratégico, registra-se um número extremamente reduzido de novos avanços em comparação com outros campos; por conseguinte, não estamos bem equipados para formular estratégias para lidar com a série complexa e crescente de fatores interligados com que deparamos hoje em dia. Como afirmei, os avanços registrados no campo da ciência não encontram paralelo nos verificados no campo da estratégia, por isso nos arriscamos a destruir as conquistas obtidas pelos cientistas.

ANÁLISE E ANÁLISE EXCESSIVA: A DEPENDÊNCIA EXCESSIVA DA ANÁLISE

A análise é um ingrediente essencial para abordar problemas e proporcionar a base para uma formulação estratégica, mas é apenas um dos elementos requeridos. As estratégias baseadas exclusivamente na análise podem ser viáveis se esta for de qualidade superior, mas não deixarão de ser incompletas.

Uma análise de qualidade superior seria baseada na utilização de dados, fórmulas ou esquemas restritos – restritos porque, geralmente, não são acessíveis. Como, na maior parte dos casos, o método analítico para a formulação estratégica utiliza informação geralmente acessível e técnicas e métodos analíticos padronizados, ele não pode nos fornecer respostas distintas. Ao recorrer a uma abordagem simples, já muito utilizada e linear, tais estratégias analíticas assentam na inferioridade da análise ou na incompetência de outros para seguir a via muitas vezes percorrida. Tais estratégias são "negativas", por se apoiarem no fracasso de outros.

O efeito das estratégias baseadas em análises de qualidade superior sofre erosão logo que o fosso entre a melhor análise e as restantes se estreita. O ritmo dessa erosão não tem precedentes e se deve a uma série de fatores: avanços tecnológicos, que por sua vez possibilitam a um grande número de pessoas produzir bons modelos de folhas de cálculo; a educação, com um número considerável de indivíduos treinados na análise; o acesso à informação – um grande número de pessoas tem acesso à informação por meio da Internet e de outras bases de dados públicas –, e os mercenários, já que muitas pessoas podem pagar consultores que analisem e revelem o que os outros estão fazendo.

Talvez seja possível confiarmos na incompetência dos outros durante muito tempo. Contudo, ao tornarmo-nos dependentes dessa solução, deixamos de colocar desafios a nós próprios, ignoramos as possibilidades existentes e, por fim, deixamos de crescer. Tornamo-nos incapazes de sobreviver.

Embora a análise seja um elemento importante da estratégia, infelizmente assentamos nela a construção da cultura e das crenças predominantes da nossa sociedade. Por conseguinte, chegamos também a conclusões simplistas e aceitamos essas respostas simplistas como fórmulas para o sucesso. O que é ainda mais grave é que acabamos por depender dessas fórmulas.

MÉTODOS AUTOLIMITATIVOS

Num estudo de mais de 2 mil cientistas ao longo da história, descobriu-se que os mais respeitados exploravam seu tema sem se limitarem a ele, pensando de forma criativa e imaginativa, e produziram uma quantidade enorme de trabalhos de qualidade variável. Mozart compôs mais de 600 peças de música, Einstein publicou cerca de 250 artigos, o bloco de notas de Leonardo da Vinci continha cerca de 13 mil páginas e Thomas Edison era detentor de 1.093 patentes. Numa frase que viria tornar-se famosa, Einstein afirmou que, enquanto a maior parte das pessoas pára depois de encontrar uma agulha num palheiro, ele continuava a revistar o palheiro à procura de todas as agulhas possíveis.[2]

O método analítico tem um grande número de seguidores por causa da sua própria natureza: decompõe um problema em fragmentos fáceis de manipular. Em seguida, concentra-se nas partes em vez de no todo. Esse método mostrou-se válido no processo de descoberta para o estudo de fenômenos. Contudo, as razões para seu uso baseiam-se, freqüentemente, numa aceitação inconsciente das nossas próprias lacunas e inadequações. Existem três lacunas significativas.

A lacuna de métodos e conceitos

A primeira questão que os analistas parecem evitar é: possuímos métodos e esquemas conceituais adequados em nossa caixa de ferramentas que nos capacitem a formular uma boa estratégia? Para que a análise seja útil, necessitamos clarificar a adequação dos métodos para analisar os diferentes elementos em jogo numa situação e a adequação dos esquemas conceituais, de forma a poder dar um passo atrás e traduzir a situação em conceitos. Fingimos que o fazemos e damos demasiada ênfase ao que não passa de uma resposta limitada a partir de métodos e conceitos limitados. As abordagens da análise estratégica existentes baseiam-se na falsa noção de que a soma das partes equivale ao todo. Essa noção é falsa, ao supor que o mundo está bem compreendido o bastante para ser possível montá-lo a partir de seus componentes. Os fatores desconhecidos e incontroláveis são demasiados, e não há um método facilmente compreendido para lidar com eles. A teoria do caos é incipiente demais para fornecer uma resposta.

A lacuna de idéias

A questão seguinte que os analistas parecem evitar é: exploramos adequadamente o campo e pusemos em questão a nossa visão de mundo? A maioria dos analistas só é capaz de abordar uma série limitada de idéias. Por conseqüência, é natural aceitar um sistema que não desmascara essa fraqueza. Falta tempo às pessoas e, o que é ainda mais importante, coragem para explorar o intangível e o desconhecido. Em vez disso, tornam-no tangível, conhecido e, para serem capazes de abordá-lo, pequeno.

A lacuna de liderança

Outras questões-chave que os analistas parecem evitar são: dispomos dos líderes adequados para a tarefa? Somos capazes de pôr em execução nossos planos? Os grandes empreendimentos e as grandes aventuras requerem visionários, líderes carismáticos e pensadores controversos.

Tais qualidades são raras. Em seu lugar, muitos líderes concentram-se no que não requer visão (chamamos de pragmatismo), personalidade (chamamos de digno de confiança), originalidade (chamamos de gestão consensual ou trabalho de equipe) e coragem (chamamos de gestão de riscos). Para quebrar esse padrão, necessitamos conscientizar-nos do que fazemos e das razões por que o fazemos. Temos de aceitar que estamos utilizando métodos limitados, que nos dão resultados limitados, porque fornecem os resultados com os quais somos capazes de lidar.

TÉCNICAS AUTOLIMITATIVAS

Não é provável que as técnicas que nos proporcionaram as inovações e os novos avanços no passado nos facultem os novos desenvolvimentos do futuro. A popularização dessas técnicas conduz à sua adoção em massa e, assim, a resultados comuns em massa e, por conseqüência, à carência de singularidade. Na indústria farmacêutica, o custo da introdução no mercado de um novo medicamento no início do século XXI calculava-se entre 800 milhões e 1,7 bilhão de dólares. Contudo, enquanto o investimento em pesquisa e desenvolvimento nessa área aumentava 20% ao ano, o número de novos produtos químicos lançados declinara em 30%. A US Food and Drug Administration (FDA) atribuía essa situação a diversas causas. Uma das mais críticas era o fato de os responsáveis pelo desenvolvimento de medicamentos recorrerem aos instrumentos do século XX para promover os avanços necessários ao século XXI. Acabaram por concluir que se a ciência biomédica pretendesse cumprir seus objetivos o esforço e a criatividade científicos deveriam concentrar-se no aperfeiçoamento do próprio processo de desenvolvimento do produto médico. Esse problema afeta nossas estratégias em outros campos, entre os quais o da estratégia militar, o empresarial e o pessoal.[3]

A preparação de uma estratégia para sua adoção em massa implicou uma destilação e focalização do processo lógico e criativo da formulação de estratégias. Essa focalização criou seu próprio processo, que apresenta várias falhas. As principais são:

*1. **Focalização excessiva na análise.*** O método principal consiste na utilização das matrizes 2 x 2. Analisamos coisas que podem ser facilmente analisadas: custo *versus* lucro, crescimento *versus* parcela do mercado, número de engenheiros *versus* número total de graduados, número de pessoas *versus* abastecimento de água. Uma estratégia desse tipo é um processo de contabilidade imperfeito, já que usualmente lança mão da análise do passado para descobrir o futuro. Evidentemente, os bons contabilistas têm consciência de que a análise do passado só pode nos informar sobre o passado. Na melhor das hipóteses, talvez levante algumas questões referentes à situação atual. Esse método não considera a criatividade e o pensamento holístico.

*2. **Focalização excessiva nos números.*** A ênfase principal recai nas dimensões. Recorremos a números fáceis de levar em consideração: o valor de ativos tangíveis, a dimensão dos lucros, o PIB *per capita*, o número de tanques, os estoques de armas. Esse método ignora as pessoas, suas paixões e aspirações.

*3. **Focalização excessiva na previsão.*** O método principal consiste em extrapolar resultados recorrendo a técnicas de construção de modelos. Avaliamos o passado e assumimos que as conclusões são válidas. Partimos do princípio de que podemos projetar a produção industrial, os lucros, a demanda, o tempo, a paz e outros fatores de forma similar. Esse método ignora outras variáveis mais complexas e pressupõe um *loop* repetitivo.

*4. **Focalização excessiva no curto prazo.*** A motivação dominante é a obtenção de resultados a curto prazo. Focalizamos nossa atenção sobre coisas suficientemente próximos para nos sentirmos à vontade. Para os governos, significa concentrar-se no período eleitoral; para as corporações econômicas, atingir os resultados trimestrais esperados; enquanto para os indivíduos os imperativos são cada vez mais definidos pela mídia diária de enfoque sensacionalista. Ao privilegiar resultados rápidos, esse método destrói o potencial humano.

5. ***Focalização excessiva nas partes***. O método principal consiste na categorização ou segmentação. Categorizamos as coisas que facilitam nossa apreensão de conceitos: clientes, povos, inimigos. Colocamo-nos em estratos de renda, classes sociais, grupos religiosos, tipos étnicos e níveis de educação. Ao recorrer a uma simplificação excessiva, esse método ignora o comportamento humano.

6. ***Focalização excessiva no que possuímos***. O método principal consiste em fazer inventários. De forma simplista, recorremos a duas técnicas: em primeiro lugar, a análise de força e fraqueza e, mais recentemente, no mundo corporativo, por meio da teoria das competências essenciais. Esse método evita considerar o que poderíamos possuir.

7. ***Focalização excessiva na competição***. O método principal é o da estratégia competitiva. Concentramo-nos naqueles que pretendemos derrotar: estratégia competitiva militar, estratégia competitiva empresarial, estratégia competitiva pessoal. Esse método remonta a um passado de ignorância e/ou a meios limitados e leva-nos a lutar por ativos e recursos.

Mais uma vez, para quebrar esse padrão, necessitamos conscientizar-nos do que fazemos e por que o fazemos. Temos de aceitar que estamos entronizando técnicas limitadoras que conduzem a respostas de qualidade inferior.

A ênfase de nossos processos estratégicos transformou-se em uma focalização nas coisas que todos somos capazes de fazer: um ópio de igualdade. Limitamos o alcance de nossos esforços de modo a que todos os nossos "irmãos" possam participar, e essa opção reduz tudo a um mínimo denominador comum. A sensação que resulta da igualdade – entre os irmãos dos estrategistas empresariais, irmãos dos militares, irmãos dos cientistas – evita uma exploração mais rigorosa que transcenda as normas de sua irmandade.

AS IMPLICAÇÕES DO MÉTODO ESTRATÉGICO FALHO

Habituamo-nos à utilização do poder. O poder mata e o poder absoluto mata absolutamente. É esta a mensagem de um dos estudos mais exaustivos de "democídio", genocídio e assassinatos em massa conduzidos por regimes. Segundo os cálculos de R. J. Rummel, cerca de 170 milhões de pessoas foram mortas por governos. Em cada caso, com o aumento maciço do poder arbitrário de um regime, ou seja, ao passar de regimes democráticos para regimes autoritários e totalitários, o número de mortes multiplica-se de forma colossal. Tais regimes utilizam as estratégias mais básicas para atingir seus fins.[4]

A pressão constante de métodos estratégicos falhos deixou-nos com um número reduzido de pensamentos opostos sobre métodos estratégicos. As estratégias resultantes são superficiais e sofrem de falhas conceituais. No entanto, registrou-se igualmente uma alteração mais sutil e bastante mais perigosa: os líderes de governos, negócios e comunidades chegaram a conclusões inadequadas sobre o que constitui a estratégia "correta". Muitas das estratégias de nossos dias têm falhas porque:

Dependem excessivamente do domínio por meio da força. É mais freqüente nossas estratégias militares, corporativas e pessoais terem como objetivo "conquistar a terra, não as mentes". Como resultado, passamos muito rapidamente para uma guerra baseada no armamento.

Dependem excessivamente de sistemas fechados de informação e de filtros para manter o controle. Com freqüência, os governos, grupos econômicos e equipes criam crenças que se autoperpetuam e que filtram as vozes discordantes a fim de manter o controle da situação. Às crenças e ações que surgem chamamos patriotismo, o estilo da companhia XYZ, cultura ou normas. Esses estilos podem unir, concentrar e criar padrões de comportamento eficazes. Podem também se solidificar, excluindo a mudança. Como resultado, acabamos por acreditar em nossa própria propaganda.

Dependem excessivamente dos especialistas. A prática de recorrer a um especialista para obter respostas começou a impedir-nos de pensar por nós próprios. Ele é alguém que simula um domínio limitado do mundo real. Sua especialização tem como base a posse de dados e conhecimentos de sua área. O estado mais avançado para um especialista é o insight. Habitualmente, os especialistas tendem a rejeitar novas idéias porque elas ainda não pertencem ao mundo que eles estudam. Os especialistas encontram-se atrasados em relação à realidade porque não estão sujeitos às pressões do mundo que estudam. Como tal, são seguidores, solidificando em conhecimento o que acontece no mundo real. Defendem as pressuposições da parcela limitada do mundo real que estudam, mais rigidamente ainda, e são incapazes de usar sabedoria ou estratégia. Para serem sábios e estratégicos, teriam de rejeitar a base de sua especialização, teriam de pôr em questão as pressuposições, arriscarem-se a atrair impopularidade e ultrapassarem as fronteiras de sua especialização, pondo em risco seu êxito passado. Por vezes, alguns indivíduos a quem chamamos especialistas se arriscam, mas, nesses casos, já não estão agindo como especialistas.

Dependem excessivamente da utilização de ativos e da consolidação de nossos recursos herdados. Os departamentos de estratégia começam por fazer inventários dos ativos e competências de suas instituições e aplicá-los a situações. O pressuposto implícito consiste em adequar o que temos à situação com que nos defrontamos. O resultado é limitar o que fazemos com o que temos. A essas estratégias é habitual chamar estratégias de "competências essenciais". A conseqüência é limitarmos a imaginação, a estratégia e o resultado à perspectiva de uma batalha entre ativos existentes, freqüentemente herdados.

Dependem excessivamente da defesa de uma posição existente. Nossas estratégias procuram proteger em vez de expandir. Tais estratégias "atadas" explicam o número enorme de companhias que ocupam posições de segundo e terceiro plano em tantas indústrias sem qualquer esperança de progredir em seu setor, e sem intenção de o abandonar. O resultado é a criação de estagnação.

Dependem excessivamente da teoria dos recursos finitos. Tais estratégias procuram explorar situações baseadas no ponto de vista segundo o qual os recursos e, por conseqüência, as escolhas são limitadas. O resultado é que a estratégia se transforma num jogo de priorização e alocação de recursos.

Essas falhas em nosso pensamento aplicam-se a governos, corporações econômicas, investidores, comunidades e indivíduos. Nossas estratégias estão criando um sistema que não pode sobreviver.

O FRACASSO DA ESTRATÉGIA É SISTÊMICO

No início do século XXI, as falhas sistêmicas afetavam todos os aspectos do nosso mundo:

- 11% de todas as espécies de aves, 25% dos mamíferos e 34% dos peixes encontravam-se em perigo de extinção.
- A floresta tropical da Amazônia desaparecia a uma taxa três vezes superior à de 1994; um quinto da floresta amazônica já tinha sido completamente destruído. A taxa de desmatamento era de 31,2 milhões de hectares por ano e 80% das antigas florestas já tinham sido destruídas.
- Todos os anos, as indústrias dos Estados Unidos liberam pelo menos 1,08 bilhão de quilos de produtos químicos na atmosfera.
- Desde a alta do mercado de ações de março de 2000 até outubro de 2002, o valor das ações das empresas de telecomunicações fixas e sem fios, de equipamentos de telecomunicações e indústrias tecnológicas e dos meios de comunicação de massa caiu 7,5 trilhões de dólares.
- O procurador-geral americano Elliott Spitzer processou as principais indústrias americanas ao longo de um período de quatro anos (de 2000 a 2004) – bancos de investimento e comerciais, fundos mútuos, seguros, indústria farmacêutica e de cuidados de saúde – que tinham sustentado o crescimento do mercado de ações dos Estados Unidos e a solidez das corporações em todo o mundo durante os 25 anos anteriores.[5]

O FRACASSO DAS CORPORAÇÕES NA CRIAÇÃO DE VALOR SUPERIOR

Na virada do século XX, a maior parte das indústrias consistia em algumas grandes corporações que dominavam seus setores de atividade e em um grande número de empresas que não obtinham lucros e se debatiam para sobreviver, mas que se recusavam a abandonar o mercado. O sistema não era capaz de forçar uma consolidação substancial, permitir que a inovação criasse novas posições e novo valor ou exercer pressão sobre os mais fracos para os levar ao colapso e à retirada. De fato, o sistema apoiava os que se debatiam com dificuldades ao permitir o refinanciamento de empreendimentos não-lucrativos. De modo que contávamos com um número excessivo de empresas nos setores de tecnologia de semicondutores de comunicação, serviços de telecomunicações, bancos e seguros e de eletrônica de consumo que sobreviviam de modo precário.

As raízes do fracasso da criação de valor encontram-se no seio das corporações e no maior âmbito do sistema do capital que as sustenta. Poucas empresas seguem estratégias; a maioria segue uma idéia. Usualmente, a idéia original pertence a outros e é seguida por muitos para lá de sua utilidade. A redução de custos, as fusões e aquisições, a reestruturação do processamento de negócios e o Seis Sigmas são exemplos de pacotes de soluções oferecidos como substitutos para a inovação. Todos eles podem acrescentar valor, mas o valor relativo diminui inevitavelmente ao longo do tempo.

Existe um padrão no enfoque dos líderes. Esse enfoque se desloca do interior – custo, operações, pessoas – para o exterior – mercados, localizações geográficas, rivais –, dependendo das oscilações do acaso. É o mercado de ações que registra e dita essas oscilações.

O mercado de ações desempenha um papel crítico na capacitação das corporações para implementar suas estratégias. Contudo, sem de fato o pretendermos, promovemos o mercado de ações a uma posição que ultrapassa de longe seu objetivo. Transformou-se em mercado de transações, contabilista, juiz e júri. Em vez de atuar como facilitador do fluxo eficaz de capital, transformou-se no padrão mais importante para medir nossa eficácia. Criou-se à sua volta uma série de "regras" implícitas: recompensar a ineficiência permitindo que as empresas cresçam excessivamente, mesmo quando isso resulta em gestões não-econômicas; recompensar a busca de transações que levam as empresas a seguir ciclos de consolidação e desconsolidação; recompensar comportamentos ineficazes ao levar a gestão a concentrar-se na obtenção de resultados a curto prazo; e, por meio da pressão para produzir lucros, levar a gestão a concentrar-se na exploração e aproveitamento de falhas no sistema. Os que jogam bem esse jogo transformam-se em heróis. A estratégia real é subjugada ao jogo, ao comportamento de rebanho e à flexibilização das regras.

O sistema transformou-se numa ideologia. Ou seja, estabelecemos uma crença ideológica no sistema tal como ele existe atualmente. Por conseqüência, o questionamento do sistema em níveis mais elevados é inadequado e procuramos impô-lo aos outros. Negamos a "natureza" das histórias pessoais e os contextos, as raças e as culturas e apoiamos cegamente a adoção do sistema. Em vez de o sistema facilitar nosso crescimento, a tomada de riscos pelos empreendedores e a criação de riqueza, ele se torna um fim em si mesmo.

Para regressarmos a medidas mais verdadeiras de criação de valor torna-se necessário repensar tanto a abordagem de gestão da estratégia como o sistema mais amplo do capital dentro do qual a gestão opera.

O FRACASSO DOS INVESTIDORES NA PROMOÇÃO DA CRIAÇÃO DE RIQUEZA

Na virada do século XX, tínhamos praticamente declarado a vitória do capitalismo impulsionado pelos mercados de ações. Todavia, em 2000, o colapso do mercado de captação de investimentos lançou o mundo numa recessão que varreu trilhões dos mercados de capitais, fundos de pensões e planos de poupança das economias mais capitalizadas. A esse colapso seguiu-se, pouco depois, uma série de fraudes e de decisões erradas, nas quais estavam envolvidas empresas conceituadas e, em alguns casos, extremamente respeitadas, como a WorldCom, a Enron e a Tyco, abalando, num primeiro momento, a confiança nos mercados de ações dos Estados Unidos e, em seguida, nos de outros países desenvolvidos. O colapso foi extremamente revelador, expondo falhas nas estratégias dos investidores e no funcionamento dos próprios mercados de ações.

Em relação aos mercados de capitais, revelaram-se falhas sistêmicas. Essas falhas eram evidentes nos relatórios de resultados financeiros, nos incentivos concedidos ao investimento em pesquisa e na falta de independência desse investimento, nas compensações dos executivos e na administração das companhias.

Relativamente aos maiores investidores institucionais, verificou-se que os lucros por eles obtidos eram conseqüência do crescimento do mercado e não resultavam de estratégias de investimento acertadas. Demonstrou-se que as estratégias do grande investidor institucional, do qual depende o valor das poupanças, pensões e seguros, assentavam num processo ou sistema falho de fazer negócio.

As falhas consistiam em estratégias de investimento baseadas em índices de controle e não em uma aplicação de capital mais discriminada, na incapacidade de formar uma visão distintiva da base dos investimentos, que resultava de uma dependência excessiva de investigação externa pouco imaginativa; em uma atitude pacificadora relativamente ao desempenho corporativo e falta de vontade e incapacidade de provocar mudanças em corporações com fraco desempenho; e em instrumentos e produtos de investimento que se adequavam a mercados em crescimento, mas que não tinham a capacidade de beneficiar mercados em queda ou instáveis. Como que para provar a validade dessas falhas, surgiu um novo tipo de investidor para aproveitar as oportunidades: o investidor de fundos de risco, ou "alternativo". Com o tempo, esse tipo de investidor também se alastraria, perdendo seus traços distintivos e dividindo-se entre aptos e não-aptos.

Mais uma vez, tanto o funcionamento básico do mercado como a abordagem dos investimentos necessitam ser repensados para permitir a criação de maior valor.

O FRACASSO DOS GOVERNOS NA CRIAÇÃO DE PAZ, PROSPERIDADE E LIBERDADE

Na virada do século XX, o Ocidente tinha aceitado o triunfo da democracia e do capitalismo de estilo ocidental. Contava com a paz mundial como resultado dessa vitória. Esse ponto de vista foi posto em questão pelo ataque de 11 de setembro aos Estados Unidos. A guerra subseqüente movida contra o Afeganistão, seguida pela procura continuada dos agressores, abalou também a noção de que a paz e a estabilidade tinham sido alcançadas. A forma como os Estados Unidos conduziram a subseqüente guerra contra o Iraque desestabilizou a noção de uma frente aliada unida. O que continuava a atrair a atenção de todo o mundo era a facilidade com que a guerra tinha sido ganha e a dificuldade de manter a paz. O desejo de liberdade para o povo iraquiano, mais uma vez declarada, afigurava-se difícil de concretizar e a ambição mais ampla de paz para o Oriente Médio parecia manter-se fora do alcance da estratégia dos líderes mundiais.

Nos primeiros anos do século XXI, enquanto os mercados ocidentais entravam em colapso e oscilavam sem controle num contexto de perda de confiança e de fraudes, a China prosseguia com a implementação de um plano efetivo para obter prosperidade. A China tornou-se o mercado de crescimento mais rápido de todo o mundo, o destino mais atrativo para o capital e o local mais sedutor para as corporações que não conseguiam obter crescimento em outras partes do mundo. Para as economias em desenvolvimento de grande potencial, como a Índia, o Brasil e a Rússia, a China começou a parecer uma alternativa atraente à democracia capitalista de estilo ocidental como forma de criar prosperidade.

As falhas sistêmicas nas estratégias das nações mais modernizadas do mundo revelavam-se de várias formas: na defesa do capitalismo a partir de uma perspectiva ideológica em vez de uma perspectiva de promoção da prosperidade; na crença de que deveríamos impor nossas idéias aos outros, em vez de lhes impormos somente nossos produtos e serviços (a globalização de idéias e ideologias); na suposição de que a democracia é o sistema político apropriado para todos os países, independentemente de suas condições e sem levar em consideração as instituições necessárias para estabelecer as novas liberdades; e na crença de que a supremacia possibilita um processo de engenharia social em grande escala.

No final da Segunda Guerra Mundial, foi criada uma série de entidades supranacionais e transnacionais com o ideal de aprender as lições do fracasso das nações na contenção de seus agressores nacionais e estabelecer uma paz duradoura. Instituições como a ONU, o Banco Mundial e o FMI possuíam mandatos políticos e econômicos que transcendiam os Estados nacionais. Ao chegarmos ao início do século XXI, era óbvio que, com freqüência, essas instituições se encontrassem em conflito com os interesses dos Estados Unidos enquanto única superpotência mundial e não tivessem a capacidade de desempenhar seus mandatos. Tornou-se igualmente cada vez mais problemático o papel de um poder supranacional num mundo em que um só país sentia-se capaz de implementar seus objetivos numa base global.

Os pressupostos, instrumentos e estratégias dos governos necessitarão ser repensados para criar paz, prosperidade e liberdade.

O FRACASSO PESSOAL NA CRIAÇÃO DE EQUILÍBRIO

No momento em que o século XX chegava ao fim, o mundo atravessava uma fase de aumento de otimismo baseado num boom tecnológico que fizera crescer o valor nominal da riqueza individual para níveis sem precedentes. Os responsáveis pela definição de políticas e seus conselheiros falavam da "barreira digital", de um mundo de "ricos" e de "pobres" tecnológicos, como a questão crítica que permitiria a um número ainda maior de pessoas participar na nova riqueza e obter sua liberdade pessoal. A oportunidade maciça de criar riqueza pessoal levou as pessoas a romperem com o hábito de evitar correr riscos. Os indivíduos estavam mais preparados para se tornarem empreendedores. Muitos estavam dispostos a abrir mão da segurança de seus postos em grandes grupos econômicos, deixar de trabalhar nas principais cidades e adotar novos esquemas de remuneração. A reação das empresas, dos governos e dos "especialistas" foi anunciar uma nova era de equilíbrio pessoal. Essa iniciativa desvaneceu com a crise do mercado de ações e o mundo regressou, rapidamente, aos seus antigos hábitos. Essa quebra de confiança foi acentuada pelo desemprego, pelas guerras e pela perda de riqueza dependente dos mercados de ações.

As ondulações causadas à superfície pelo boom tecnológico tinham raízes mais profundas. O aparecimento efêmero de uma nova forma de viver, criada momentaneamente pelo boom tecnológico, é mais revelador. As raízes mais profundas revelam a insatisfação com uma existência prosaica e o anseio por algo mais. Esse anseio é instilado em nossas várias culturas e caracteriza-se por uma busca externa – seguida pelas culturas "ocidentais" – e uma busca interior – empreendida pelas culturas "orientais". No início do século XXI, com as comunicações globais e uma quantidade de informação disponível sem precedentes, ambas as vias se encontravam abertas à humanidade.

O Ocidente dera passos gigantescos em sua busca e tudo indicava que continuaria a derrubar novas barreiras externas. Cada barreira derrubada – espaço, biologia, computadores, ciência dos materiais – criava novas possibilidades de maior valor econômico. Evidentemente, cada barreira derrubada revelava a existência de uma nova. Mais importante ainda, continuavam não existindo respostas para as questões fundamentais: "Quem sou eu?" e "Por que estou aqui?".

O Oriente também dera passos gigantescos em sua tentativa de derrubar novas barreiras interiores. Cada barreira derrubada – metafísica, meditação, sonhos lúcidos, controle físico-emocional, transmissão de energia – desbloqueava cada vez mais valor pessoal. Evidentemente, cada barreira tinha de ser derrubada individualmente: não ocorriam economias de escala na transferência dessas inovações e os métodos não podiam sustentar "ganhos de escala", ou seja, não eram de fácil transferência para uma grande massa populacional. Mais importante ainda: verificava-se uma criação inadequada de valor econômico e de prosperidade; por conseguinte, o Oriente tornara-se muito mais pobre nessa sua busca.

Nem o Ocidente nem o Oriente tinham encontrado o equilíbrio procurado. Nem a grande cruzada científica pioneira nem a grande jornada em busca da verdade interior tinham encontrado paz, prosperidade e liberdade para a sociedade. Além disso, grandes parcelas da população mundial, em particular a maior parte da África e muitas partes da América Latina, não tinham alcançado nem as conquistas externas nem as internas.

As religiões globais organizadas, o cristianismo, o islamismo, o budismo e o hinduísmo não tinham conseguido proporcionar paz pessoal às massas, nem prosperidade aos que viviam na fé, mas carecendo dos benefícios dos avanços científicos e tecnológicos. Não tinham tampouco estabelecido a liberdade para todos que careciam de instituições humanas como a democracia. Esse fracasso era tanto um fracasso dos padres, mulás e gurus como dos indivíduos.

As abordagens e os métodos das sociedades e dos indivíduos terão de ser repensados caso pretendamos alcançar o equilíbrio.

OS FRUTOS DAS NOSSAS ESTRATÉGIAS: ENORMES AVANÇOS E ENORMES RUPTURAS

Ao longo da história, nossas estratégias têm conseguido proporcionar enorme quantidade de valor real e enorme quantidade de valor potencial. Tanto o valor real como o potencial são inerentes em fenômenos como os Sete Fenômenos Configuradores descritos no primeiro capítulo. O valor real resulta da quebra contínua e inexorável de barreiras do desempenho; da quantidade sem precedentes de informação, meios de comunicação de massa e pessoais que temos à nossa disposição; da compressão do tempo, distância e acesso; do desencadeamento de criatividade em todos os cantos do mundo; da interligação dos povos do mundo por meio de sistemas globais múltiplos; da ascensão de posições fixas e da presença de um poder latente avassalador. O valor potencial, ou ainda não realizado, resulta dos mesmos fenômenos. Cada nova realização nos possibilita desencadear um maior valor imediato ou, caso nossas estratégias sejam inadequadas, deter ou destruir esse valor. Para cada realização, existe uma força de contrapeso, que pode gerar estagnação ou destruição.

O fracasso das estratégias das instituições atuais, particularmente dos governos, grupos econômicos e comunidades, é o maior obstáculo à realização do nosso potencial. Conforme afirmado, entre os sistemas falhos contam-se as empresas que fracassaram na obtenção de lucros superiores com a exploração dos recursos do mundo; os investidores, que fracassaram na criação de riqueza adequada a partir de nosso capital investido; os governos, que fracassaram na criação de paz, prosperidade e liberdade; os impérios e as entidades supranacionais e transnacionais, que fracassaram na criação de valor para além das fronteiras dos Estados nacionais; as comunidades, que fracassaram na criação de paz, prosperidade e respeito aos direitos mútuos; as religiões, que fracassaram na criação de um número suficiente de seres iluminados capazes de promover o amor e a compaixão necessários para lidar com o fracasso dos outros sistemas; e, finalmente, os indivíduos, que fracassaram na tentativa de se libertar de uma vida desequilibrada pelo medo e pela ganância.

Cada um dos sistemas institucionais acima considerados encontra-se sujeito a duas forças-chave negativas – forças predatórias e forças acidentais ou caóticas – que desafiam sua capacidade de criar os resultados pretendidos. Essas forças produzem três tipos de reações negativas: apatia e complacência (a falta de vontade de mudar); comportamento autodestrutivo (a luta interna pelo poder entre pessoas e facções) e ações incompetentes ou falhas (a má execução da mudança). O impacto acumulado dessas reações torna o sistema incapaz de sobreviver. Por conseguinte, ele se torna irrelevante.

Nossos sistemas de governo, empresarias, de investimento, organismos supragovernamentais, comunidades e indivíduos correm o risco de perder sua importância e sua capacidade de libertar o potencial que as estratégias prévias nos deixaram. À medida que os sistemas perdem sua importância, cria-se um fosso e assiste-se ao aparecimento de sistemas alternativos que substituem os anteriormente estabelecidos: revolucionários tentam destronar ditadores; fundos de risco procuram substituir fundos mútuos; surgem aquisições hostis para afastar empresas que se contentam com um fraco desempenho e as doenças atacam nosso corpo e nossa mente quando não procuramos nos manter em forma. Quando os sistemas alternativos procuram estabelecer-se, o resultado é uma escalada da tensão com os sistemas que serão substituidos. Uma luta natural e previsível que resulta na calibragem ou na substituição dos sistemas estabelecidos ou em sua destruição.

Os sistemas que estão menos preparados para sobreviver cederão inevitavelmente o lugar aos mais preparados. Esse processo aplica-se a governos, empresas, instituições de investimento, entidades de coligação transgovernamentais, entidades supragovernamentais, comunidades, religiões e indivíduos. Manter o poder para lá desse desenrolar natural dos acontecimentos implica um abuso da posição do sistema numa sociedade – um sistema delinqüente. Os sistemas delinqüentes assumem variadas formas, entre as quais se incluem superpotências e impérios que se impõem aos outros sem contar com o apoio popular da comunidade internacional, perdendo assim sua vantagem moral; ditadores que implacavelmente esmagam quem luta pela liberdade; reguladores que permitem que grupos econômicos predatórios sobrevivam e comportamentos de investimento desonestos persistam; governos que protegem indústrias nacionais para evitar os custos políticos de uma reestruturação e organismos de cuidados com a saúde que institucionalizam estilos de vida danosos por meio da cura e a expensas da prevenção.

SISTEMAS ALTERNATIVOS

Os sistemas alternativos atuais estão combatendo lentamente os sistemas estabelecidos numa guerra pela sobrevivência e, em última instância, pela dominação.

Corporações econômicas alternativas. Essas corporações utilizam novas "tecnologias disruptivas", fazem convergir tecnologias existentes, utilizam modelos de distribuição on-line e constroem redes de produção ou distribuição em grande escala para ameaçar as corporações existentes. No início do século XXI, os sistemas corporativos alternativos incluem a Nokia, Dell, e-Bay, as empresas eletrônicas chinesas em crescimento, o vale de terceirização de Bangalore, na Índia, e as fundações de combate à Aids de grandes filantropos, que começam a pôr em questão a política de preços dos medicamentos e a forma como são distribuídos.

Modelos alternativos de investimento. Esses modelos proporcionam lucros superiores por meio de produtos que têm maior capacidade de crescimento e de resistência à recessão, incerteza e volatilidade do mercado. No início do século XXI, os sistemas alternativos de investimento eram encabeçados pelos fundos de risco, com a flexibilidade e a velocidade necessárias para explorar a mudança. Eram conhecidos por nomes pouco familiares como, por exemplo, Maverick, Citadel e Fortress, e os melhores deles pareciam anunciar a mudança da face do investimento.

Modelos alternativos de governo. Esses novos sistemas de governo prometem proporcionar mais paz e prosperidade do que os modelos existentes, com o compromisso de que se seguirá a liberdade. No início do século XXI, o modelo alternativo de governo era o chinês, com suas políticas de crescimento administrado, criação de riqueza, modernização e prosperidade para o povo.

Coligações alternativas intergovernamentais. Essas coligações proporcionam uma solução mais rápida e eficaz para impasses políticos de instituições como a ONU, o FMI e o Banco Mundial, e contrabalançam a poderosa instituição política quase totalmente dominante encarnada pelos Estados Unidos. Entre as coligações, contam-se os acordos de comércio bilaterais e multilaterais, os blocos comerciais regionais e várias instituições privadas filantrópicas.

Comunidades alternativas. Essas novas comunidades proporcionam maior sensação de afinidade e de recompensas para seus membros. No início do século XXI, contava-se um grande número delas com base na Internet, dedicadas a atividades humanas fundamentais como jogos, educação, saúde, esporte, beneficência e violência.

Crenças religiosas alternativas. Essas crenças e métodos proporcionam uma via mais rápida para a auto-realização. Em meados do século XX, os americanos eram o maior grupo em busca de uma "Via" com mais sentido. As culturas espirituais mais antigas enviaram gurus, curandeiros e mestres para criar movimentos New Age nos Estados Unidos. Eram um grupo misto, constituído por pessoas competentes e incompetentes, tímidas e sedentas de publicidade, charlatães e pessoas extremamente sérias. Alguns persistiram, outros se modificaram e outros, ainda, foram perseguidos. No entanto, após um período de duas décadas, a América possui a maior concentração de ioga, tai chi, zen, acupuntura, reiki e métodos alternativos de cura fora de seus países de origem. No início do século XXI, as alternativas continuavam formalmente incorporadas pela sociedade por meio de clubes, grupos econômicos, médicos e hospitais, que ofereciam a técnica sem a filosofia. Os indivíduos tinham começado a preencher o fosso deixado pelos modelos formais e coletivos de religião baseados na veneração de um deus – que forneciam respostas inadequadas à ciência, à política, as desenvolvimento pessoal e aos males do mundo –, com métodos e crenças religiosas alternativos.

Desenvolvimento e equilíbrio alternativos. Essa busca transformou-se numa indústria gigantesca. O crescimento da indústria do autodesenvolvimento beneficiou-se do aumento do individualismo e da personalização e do declínio na lealdade a instituições ou métodos. Dietas e regimes de saúde alternativos, programas educativos, retiros, aulas e cursos pertencem todos a esse setor em crescimento.

Dadas as enormes realizações e capacidades do ser humano, encontramo-nos atualmente em um momento de grande potencial. Esse potencial nos proporciona a oportunidade de operar uma mudança descontínua numa direção positiva ou negativa. Dada a ascensão de sistemas alternativos que põem em questão o *status quo,* podemos igualmente contar com uma luta pelo poder entre os sistemas existentes e os novos sistemas.

Será necessário formular estratégias para redefinir os sistemas estabelecidos, caso se pretenda que eles continuem existindo no futuro. Tais estratégias serão diferentes das passadas na forma como aplicam o poder, os objetivos e princípios. As definições atuais serão postas em questão: o poder deixará de significar a imposição da vontade própria aos outros; os objetivos deixarão de implicar a mera busca de ambições pessoais e os princípios deixarão de ser definidos em um nível que nos separa conforme nossas políticas, nossa cultura, religião ou geografia. As novas definições ficarão visíveis ao longo desta obra. No capítulo seguinte, examinaremos a natureza do poder, dos objetivos e princípios na estratégia.

3

O LIVRO DO PODER, DOS OBJETIVOS E DOS PRINCÍPIOS

"Para ajuizar quem será bem-sucedido, avalie quem tem poder, quem tem objetivos e quem tem princípios. Nas intersecções desses três fatores que as estratégias se aplicam e se trava a luta."

O livro do poder, dos objetivos e dos princípios

"UM FLUXO DE CONSCIÊNCIA"

Será possível desenvolver uma estratégia eficaz diante de enormes desafios, como os sete que descrevemos no primeiro capítulo desta obra? De que tipo de estratégia precisamos para sermos bem-sucedidos? Será que existe uma estratégia sustentável ou uma vantagem competitiva sustentável? Existirá algo fundamental na estratégia que transcende seu campo de aplicação? Em outras palavras: podemos ser geralmente estratégicos ou apenas num campo específico como o da estratégia dos negócios, dos governos, dos investimentos ou pessoal? Será possível separar a estratégia do indivíduo? Neste capítulo, examinaremos estas e outras questões fundamentais.

Ao examinarmos a estratégia, é importante compreender que, fundamentalmente, ela tem a ver com a interação do pessoal com o impessoal. Como as estratégias são formuladas por indivíduos, são altamente pessoais. Como sua intenção é afetar outros, seu campo de operação é externo às pessoas. Evidentemente, este raciocínio ignora o argumento filosófico de que tudo é pessoal, já que tudo deriva da nossa percepção. Ignora, igualmente, o argumento filosófico contrário, de que existe uma realidade independente do indivíduo. Adotaremos uma abordagem simplista com o propósito de examinar a natureza da estratégia.

No nosso exame da estratégia, necessitaremos reconhecer que se encontra em jogo uma série de objetos. Os objetos de maior importância crítica são o estrategista, o alvo da estratégia e a situação na qual a estratégia será conduzida. Esses objetos podem ser encarados como objetos físicos e também como objetos intangíveis: os elementos intangíveis são o poder, os objetivos e os princípios das pessoas envolvidas. Em outras palavras, a estratégia tem, igualmente, relação com a tentativa por parte dos indivíduos de impor aos outros sua visão do mundo, para o que poderão valer-se de armas como o dinheiro, os exércitos e os meios de comunicação de massa.

Na maior parte dos casos, a doutrina estratégica moderna não leva em consideração a pessoa e seus objetivos no seu esquema conceitual. Alude-se aos conceitos de visão, missão e objetivos, tornando a estratégia altamente impessoal. Uma vez aceita essa natureza altamente pessoal, perceberemos que a estratégia só poderá ser tão boa quanto o estrategista. A moderna doutrina estratégica tem evitado esta questão, concentrando-se no processo estratégico. Essa abordagem retira o sentido de responsabilidade à estratégia ao considerá-la mero resultado de um processo e não uma declaração pessoal sobre o que fazer. Independentemente do processo, as estratégias podem ser ou não adequadas à situação e ao meio. Quando reconhecemos o contexto impessoal ao qual a estratégia deve ser dirigida, compreendemos que ela está intimamente ligada ao meio no qual é conduzida.

Para regressarmos aos fundamentos pessoais e impessoais da estratégia, vamos explorá-la por meio do exame das nove áreas seguintes:

1. A natureza da estratégia.
2. O papel do poder, dos objetivos e princípios.
3. As características do estrategista.
4. A importância da conscientização.
5. O papel da ambição de vencer.
6. A mentalidade de transcender a vitória.
7. A natureza da síndrome do domínio.
8. Resultados e o papel do ponto de vista, posição e influência.
9. A importância da mestria e do autodomínio.

Com relação à natureza pessoal da estratégia, defenderemos que a via para formar boas estratégias é intensamente pessoal e procuraremos demonstrar que não pode ser alcançada sem que o indivíduo se encontre em alto grau de desenvolvimento. O indivíduo altamente desenvolvido teria alcançado "maturidade" por meio da busca de uma via variada e rigorosa com o objetivo de se desenvolver pessoalmente de forma incessante e fomentar sua consciência do mundo. A natureza diversionária do moderno pensamento estratégico, focalizado em processos, esquemas e fórmulas simplistas, levou-nos a ignorar esse fato. A maturidade é uma das bases mais importantes da estratégia. Para simplificar, definiremos três estados de maturidade. Ao estado básico chamaremos o Estrategista; ao seguinte, o Mestre da Estratégia; ao último, o Estrategista Iluminado. A via para formar uma boa estratégia é, em grande medida, impessoal, e procuraremos demonstrar que o estrategista apto é somente aquele que se adequa ao meio.

Uma palavra apenas sobre o método utilizado neste capítulo. A reflexão é mais importante do que a fórmula que recebemos do passado. Por conseguinte, a abordagem aqui adotada consistirá em apresentar cada uma das nove áreas por meio de algumas das questões-chave que podem nos ajudar a compreender o tópico. A partir daí, os leitores constatarão que minha abordagem se aproxima mais de um "fluxo de consciência" do que de uma exploração do tópico por meio de hipóteses, contrapontos, referências a outros estudos, estudos de casos, fórmulas ou esquemas conceituais.[1] No Capítulo 4, examinaremos com mais pormenores alguns dos aspectos fundamentais debatidos neste capítulo.

1. ESTRATÉGIA

As questões fundamentais a considerar incluem:

- *O que é a estratégia e o que queremos dizer com "diferenciação"?*
- *Existirá somente uma estratégia correta?*
- *Qual é o papel da análise e da imaginação na estratégia?*

1. A estratégia tem fundamentalmente a ver com a diferença. Conseqüentemente, a estratégia nega a igualdade, a busca da uniformidade e a crença numa só resposta.
2. A diferença requer saltos que estão além do que os outros conseguem apreender.
3. A estratégia reconhece a enorme diversidade do mundo e as possibilidades infinitas daí resultantes, e escolhe vias que os outros não são capazes de seguir.
4. O pensamento estratégico opõe-se à forma do pensamento racional, que pressupõe uma abordagem seqüencial, simplista, matemática, que conduz a uma só resposta.
5. A estratégia baseada numa análise de qualidade superior pode resultar em êxitos no curto prazo, mas deve ser apenas um primeiro passo. É mais uma tática do que uma estratégia.
6. A análise concentra-se nas partes em vez de no todo. Exige-se do analista que analise as partes. Do estrategista, exige-se que identifique o padrão.
7. A estratégia tem a ver com sistemas de pessoas e objetos e a interação em hierarquias de sistemas e entre elas.
8. A estratégia tem relação com resultados que dizem respeito a pessoas, mas que nunca são limitados por elas.
9. As estratégias são destruídas quando se transformam em moda. O plágio as destrói e o plágio absoluto destrói estratégias absolutamente.

2. PODER, OBJETIVOS E PRINCÍPIOS

As questões fundamentais a considerar incluem:

- *Quais são os principais fatores intangíveis presentes em qualquer situação?*
- *Que papel desempenham as emoções na estratégia?*
- *Qual é a diferença entre o Mestre da Estratégia e os outros a esse respeito?*

1. Para julgar quem será bem-sucedido, avalie quem tem poder, quem tem objetivos e quem tem princípios. Nas interseções desses três fatores as estratégias se aplicam e a luta se trava. É no centro desses três fatores que operam os Mestres da Estratégia e os Estrategistas Iluminados.
2. Na interseção de poder e princípios encontra-se a força impulsionada pela crença em si própria e pela crença de que o "certo" está do seu lado.
3. Na interseção de poder e objetivos encontra-se o poderio esforçando-se por adquirir mais poderio.
4. Na interseção de objetivos e princípios encontra-se a luta entre forças determinadas que crêem em si próprias, mas que não possuem poder de execução.
5. Todas essas estratégias são impulsionadas por emoções. Só se poderá alcançar a paz depois dessas emoções terem sido aplacadas.
6. Na sua interseção, poder, objetivos e princípios encontram-se combinados: o poder e o que é "certo" fazer são orientados. O Mestre da Estratégia opera na interseção de poder, objetivos e princípios. Conseqüentemente, prevalece.
7. O Estrategista Iluminado é aquele capaz de criar e de combinar poder, objetivos e princípios superiores, de tal modo que os outros aceitam que ele pode vencer e, por conseguinte, não tenha necessidade de exercer o poder. Possui um objetivo superior, de tal modo que os outros aceitam seu objetivo. Possui os princípios que levam os outros a aceitar sua autoridade.
8. Assim, na interseção de poder, objetivos e princípios existe a ausência de poder, objetivos e princípios. O Estrategista Iluminado opera nesse vazio.

3. O ESTRATEGISTA

As questões fundamentais a considerar incluem:

- *Qual é o papel do estrategista na estratégia?*
- *Quais são as características cruciais do estrategista?*
- *Como julgamos se uma estratégia é superior?*

1. O estrategista é aberto, deliberado e comedido. Ser aberto possibilita acolher influências. Ser deliberado possibilita a escolha. Ser comedido possibilita a ação controlada.
2. Não existe progresso sem autoprogresso; não se pode ser Mestre da Estratégia sem ser mestre de si próprio.
3. Para ser estrategista é necessário ter a coragem de se questionar, a vontade de perseverar, o treino para saber quando perguntar, a capacidade mentora para ser eficaz, o apoio para cumprir outras responsabilidades e a capacidade de reconhecer a necessidade de fazer tudo isso.
4. Os Mestres da Estratégia criam "Períodos de Ouro" quando seus veículos escolhidos – pessoal, organizacional, nacional ou imperial – prevalecem.
5. Esses Períodos de Ouro perecem quando a estratégia se transforma em mera idéia que as multidões podem seguir.
6. Os mesmos elementos encontram-se presentes. O estrategista superior organiza-os de forma superior. Superior porque é mais eficiente e eficaz para qualquer objetivo posto.
7. O Mestre da Estratégia persegue somente idéias e objetivos da mais alta ordem. A mais alta ordem é avaliada por meio do cumprimento de três princípios simples: sua capacidade de transcender posições contenciosas, conquistar integralmente e atuar de acordo com a corrente.
8. A qualquer momento, o Mestre da Estratégia pode manter-se imóvel, tomar a iniciativa, envolver-se ou destruir. Os três princípios – transcender posições contenciosas, conquistar integralmente e atuar de acordo com a corrente – mantêm-se.
9. Para obter resultados positivos é necessário um espírito compassivo. Quando as situações são abordadas sob a perspectiva do interesse próprio, é mais provável que se obtenham resultados negativos. O Mestre da Estratégia é aquele que cultivou o espírito de compaixão em si mesmo, com o objetivo de cultivar a paz, a prosperidade e a liberdade nos outros.
10. O estado estratégico de uma entidade é superior ao estrategista dessa entidade. No estado estratégico, o organismo da entidade possui capacidade, disponibilidade e espontaneidade. A tarefa do Mestre da Estratégia consiste em criar uma entidade estratégica.

11. Não existe um resultado no sentido absoluto do termo. O resultado é um estado transitório e, como tal, é simplesmente um marco num fluxo de acontecimentos. Os Mestres da Estratégia vêem o fluxo de acontecimentos e influenciam-no.

4. CONSCIENTIZAÇÃO

As questões fundamentais a considerar incluem:

- *O que temos de compreender para formularmos uma boa estratégia?*
- *De que tipo de compreensão precisamos para ultrapassar uma boa estratégia?*
- *Aonde nos conduz essa crescente compreensão?*

1. O bom estrategista vê seu adversário e vê o conflito. O estrategista excelente vê a situação em que ele próprio e o adversário se encontram. O estrategista superior distancia-se de seu adversário para ver o ambiente mais amplo da situação e identifica a forma como ele e seu adversário se adequam a ela.
2. O Mestre da Estratégia observa somente a situação, sem manter qualquer ligação afetiva com ela, com o outro ou consigo próprio e compreende como o jogo pode ser jogado. Para o Estrategista Iluminado não existe uma situação, existe um fluxo de situações.
3. A maior parte das ações é empreendida sem ver ou compreender; sem que o agente veja ou compreenda a situação, o adversário ou a si próprio. A maioria dos protagonistas envolve-se em conflito sem ver nem compreender. A qualidade de uma estratégia está diretamente relacionada com a qualidade da visão e compreensão do estrategista.
4. O Estrategista Iluminado não necessita se envolver. Para os restantes, "ver" e compreender são cruciais para um envolvimento bem-sucedido.
5. Indivíduos e organizações estão sujeitos a causa e efeito. Para encontrarmos equilíbrio, não podemos nos colocar nos extremos da causa e do efeito: não devemos reagir excessivamente ou insufi-

cientemente. Esse objetivo é atingido quando controlamos as causas e os efeitos sobre nós, o que é possível por meio da negação da causa e efeito.

6. A assimilação da causa e do efeito leva ao estresse. A negação da causa e do efeito requer distanciamento. "Tu", "eu" e "ele/ela" são obstáculos ao processo do distanciamento. Para atingir o distanciamento, devemos desenvolver uma consciência de alta qualidade.
7. Os acontecimentos do mundo são o resultado de causas que nós não compreendemos. O inter-relacionamento dessas causas tem conseqüências que nós não compreendemos. As nossas ações causam resultados que nós não compreendemos. A conseqüência é o caos. Um futuro melhor requer que compreendamos hoje melhor a natureza das coisas.
8. Por vezes, o caos parece ter ordem. Por isso, julgamos compreender o que observamos.
9. No meio da complexidade, parece não existir um padrão. Se nos elevarmos em relação à inexplicável complexidade, poderemos ver um padrão. Se nos elevarmos excessivamente, não veremos nada.
10. O Mestre da Estratégia tem consciência do pormenor e também do padrão. Ele os vê como um todo.
11. O êxito sem conhecimento é uma questão de sorte. A estratégia sem consciência é acidental. Os resultados intencionais requerem consciência. A observação distanciada encontra-se para além da estratégia.
12. Com freqüência, primeiro sabemos, em seguida tomamos consciência e, posteriormente, podemos observar. É assim que os estrategistas se transformam em Mestres da Estratégia e, seguidamente, em Estrategistas Iluminados.

5. VENCER

As questões fundamentais a considerar incluem:

- *O que significa vencer?*
- *Quais são as estratégias para vencer?*
- *Será possível manter uma posição que ganhamos?*

A essência de vencer

1. A forma de manter o poder para lá do que é "natural", ou seja, para lá da nossa competência e do que é "adequado", é nos tornarmos "não-naturais". Para nos tornarmos não-naturais temos de empregar métodos não-naturais; esses métodos incluem a brutalidade, a exploração e a destruição. As ações não-naturais atraem reações não-naturais. Em última instância, somos responsáveis pela instauração de um ciclo de comportamentos não-naturais que ultrapassa nosso objetivo inicial e escapa a nosso controle.
2. As estratégias cujo principal objetivo é a destruição são inferiores às estratégias cujo principal objetivo é vencer. Se alguém tem de morrer, a estratégia de vitória geralmente requer que o adversário morra. As estratégias superiores não requerem qualquer conflito. Tais estratégias são as mais difíceis de identificar.
3. As estratégias de conflito requerem uma disponibilidade para matar. Matar brutaliza a essência do ser humano. Matar em grande escala anestesia a essência brutalizada.
4. Uma entidade inteligente está culturalmente programada para agir de forma vitoriosa. Matar o líder pode destruir a viabilidade da causa se o organismo não for autônomo e se não estiver intrinsecamente ajustado à missão e à capacidade de agir independentemente. Se estiver assim ajustado, matar só faz subir a aposta e torna mais difícil vencer.
5. Existem cinco vias estratégicas: competição, perturbação, dominação, inclusão e aspiração. A competição, a perturbação e a dominação têm relação com vencer e, por conseguinte, também com perder. As vias da inclusão e da aspiração colocam-nos para além da vitória e da derrota.

Competição

6. A via estratégica mais básica é a da competição. Por vezes, descobrimo-nos em meio à batalha da competição. Essencialmente, é uma batalha da mente. Derrotar a mente do adversário requer miná-la ou corrompê-la para que, em qualquer situação, nossa

mente seja a que se encontra em vantagem. Tal luta contém seus perigos, já que conquistar a mente é tomar o bem mais importante que o adversário possui.

7. A mente superior vence porque não foi corrompida de modo a tornar-se inflexível e não-adaptativa. Para vencer, devemos tornar-nos flexíveis e adaptativos e criar inflexibilidade no nosso adversário para evitar sua adaptação.
8. Em primeiro lugar, devemos reforçar seus pressupostos e crenças, criando assim inflexibilidade. Lançá-lo na confusão para que ele evite dar por encerrada uma situação e prolongue o *status quo*, perdendo assim a iniciativa. A partir daí, tomaremos a iniciativa.
9. Em segundo lugar, levá-lo a uma situação em que se veja obrigado a suprimir suas emoções, o que faz com que elas o dominem. A partir daí, induziremos reações emocionais, mantendo simultaneamente um controle superior.
10. Apresentar-lhe provas que revelem respostas rapidamente, a fim de incentivar uma atitude de questionamento superficial. Levá-lo a passar de uma atitude demasiado crítica dos acontecimentos a uma atitude pouco crítica, debilitando sua capacidade de formular juízos.
11. Minar a capacidade de confiar de nosso adversário questionando a competência de seu grupo, provocando, assim, dissensões internas, inconsistência e volatilidade em seu comportamento e, por conseqüência, reduzindo a intimidade entre os elementos de seu grupo e fazendo aumentar o risco de fracasso. Assim, unidos, podemos provocar dissensões no seio do adversário.
12. Finalmente, paralisar a mente do adversário inundando-o não só com demasiados dados, mas também com dados ao acaso que não revelem um padrão claro e o forcem a adotar ações "pragmáticas" e práticas. Assim, induziremos um comportamento "prático" e "pragmático".
13. Quando nosso adversário fala em ser "prático" e "pragmático", sabemos que lhe falta imaginação. Por conseguinte, sugerimos vias óbvias a seguir que não conduzem a nada de útil e, se necessário, esperaremos por ele em algum ponto nessas vias para subjugá-lo.
14. Os métodos para corromper a mente do adversário podem ser iniciados por nós, mas requerem a aquiescência do adversário. Tais estratégias minam os pressupostos, as crenças e os valores dele.

15. Podem ser necessárias estratégias para derrotar a mente do adversário e evitar destruí-lo.
16. As estratégias são corrompidas por meio da corrupção da mente. O modo de corromper as estratégias de nosso adversário é também o modo como nossas próprias estratégias são corrompidas.

Perturbação

17. A segunda via estratégica é a da perturbação. Quando se combate uma força avassaladoramente maior, o ataque direto é inútil. Em vez disso, devemos concentrar-nos na perturbação. As rupturas são usualmente ignoradas em sua fase de concepção por forças avassaladoramente grandes.
18. As rupturas podem ser acontecimentos singulares em grande escala que abalam o sistema, ou uma série de pequenos choques que, cumulativamente, o minam. A diferença reside no *timing* da obtenção do resultado.
19. As rupturas podem ser cultivadas. Podem ser cultivadas como vírus que atacam e minam o desempenho do seu alvo.
20. Os vírus mais eficazes espalham-se rapidamente e têm origens difíceis de identificar. Usualmente, a entidade avassaladoramente grande ataca os sintomas. Quando o vírus é evidente, é demasiado tarde para detê-lo sem tomar medidas drásticas. Por definição, as medidas drásticas causarão rupturas no atacante.
21. O vírus inteligente adapta-se à situação e aprende a sobreviver aos ataques.
22. Um protagonista avassaladoramente grande pode recuperar-se de um vírus. Para desarmar tal protagonista é necessário desencadear uma multiplicidade de vírus. Cada vírus tem de ser distinto para obter o máximo efeito possível. Dessa forma, o alvo se verá obrigado a atacar cada um deles independentemente e não será capaz de criar uma defesa comum.
23. Assim, é possível minar os adversários avassaladoramente grandes por meio da utilização de vírus perturbadores. Os grandes retaliam com a força e, por conseguinte, as manobras de diversão e os engodos e enganos tornam-se táticas importantes do estrate-

gista que recorre à perturbação. A forma de minar as estratégias de nosso adversário é também a forma como nossas próprias estratégias podem ser minadas.

24. O estrategista "disruptivo" é aquele capaz de criar perturbações. É capaz de acalentar, congregar e dirigi-las. Capaz de planejar uma perturbação tal que, por sua própria natureza, ela se desenrolará de uma determinada maneira e em seguida, com o mínimo de intervenção, permitirá ao estrategista assistir a seu curso "disruptivo". Por isso, o estrategista "disruptivo" se mantém invisível.

Dominação

25. A terceira via estratégica é a da dominação. A dominação resulta da manutenção de um poder unilateral nas relações.
26. O estabelecimento da dominação requer que se possua algo desejável e se partilhe um número suficiente de vantagens de modo a criar um padrão de "continuísmo" nos alvos.
27. Para dominar, necessitamos possuir uma vantagem única em uma escala suficientemente grande que nos permita criar uma distância sustentável entre nós próprios e os outros.
28. Para dominar, necessitamos possuir uma vantagem renovável e investir na renovação dessa vantagem.
29. Para dominar, é necessário um ambiente estagnado, de modo que não se crie uma competição efetiva.
30. Para manter a dominação, os alvos devem estar dispostos a serem dominados. O preço da liberdade tem de ser excessivamente elevado.
31. A dominação conduz a um comportamento predatório, porque se torna habitual e são tomadas medidas para sustentar a posição de poder além do seu período "natural". Tal comportamento não é "natural" porque é mantido além do ponto em que um número suficiente de benefícios é concedido aos outros para que abram mão de sua liberdade.
32. Nenhum benefício é sustentável indefinidamente. A dominação, quando mantida de forma "desnaturada", conduz à rebelião.
33. As estratégias agressivas de dominação conduzem a métodos extremos. Alguns desses métodos são eficazes, outros, não. Uma vez

tomada essa via, as conseqüências são a aniquilação ou a brutalidade contra os que resistem.

34. Na ausência da aniquilação, a brutalidade será necessária. Na ausência da brutalidade, a concessão e a reconciliação serão necessárias. Na ausência da concessão e da reconciliação, a incompetência predominará.
35. A aniquilação e a brutalidade requerem ação. A incompetência resulta de estratégia e de ações falhas. A reconciliação resulta de uma estratégia de mestria.
36. Se não estamos dispostos a aceitar as conseqüências de estratégias agressivas de dominação, não devemos iniciá-las.
37. Também se pode alcançar a dominação por meio da riqueza. A base da estratégia passa, então, a ser a aquisição de riqueza. Ela pode formar uma barreira eficaz para impedir os outros de obterem poder. A riqueza pode conduzir ao poder. Sem uma estratégia eficaz para manter barreiras eficazes à obtenção de poder por parte dos outros, o poder se dissolverá. Com a dissolução do poder, é freqüente dissolver-se também a riqueza.

A importância de perder

38. Para compreender o que é vencer, devemos estudar o fracasso. Nossos fracassos levam o inimigo a fazer suposições a nosso respeito. Freqüentemente, essas suposições lhe dão coragem e o levam a empreender ações contra nós. As conseqüências dessas ações podem ultrapassar a magnitude de nosso fracasso inicial e, assim, tornamo-nos vulneráveis. Se essa situação não for controlada, poderá conduzir à nossa derrota.

6. PARA ALÉM DE VENCER

As questões fundamentais a considerar incluem:

- *Quais são as conseqüências de vencer?*
- *Os ganhos podem ser mantidos?*
- *Haverá algo mais importante do que vencer?*

Para além de vencer e perder

1. O Mestre da Estratégia aborda um agressor com o conhecimento de que a agressão não é um conflito entre ele próprio e seu autodesignado rival. A única agressão que pode existir encontra-se dentro de si mesmo e dentro de seu agressor. Trata-se de uma questão de autocontrole. Se a batalha pelo autocontrole for ganha, deixarão de existir agressores e batalhas. Posteriormente, será mera questão de execução.
2. A atitude do estrategista é que o fracasso não existe; existem somente a situação e a lição.
3. À exceção dos iluminados, ninguém é imune à retaliação, à causa e ao efeito. A causa leva ao efeito e este se torna a causa.
4. As pessoas conscientes têm consciência do potencial de "retaliação" de todas as ações e vêem cada acontecimento como um fenômeno singular num fluxo de retaliações.
5. Por conseguinte, o Mestre da Estratégia está consciente do fluxo, das possíveis intervenções nesse fluxo e das possíveis conseqüências. Não reage apenas aos acontecimentos.
6. Aqueles cuja consciência, imaginação e capacidade de julgamento estão deterioradas consideram finais suas ações.
7. Por conseguinte, os estrategistas superiores calculam cuidadosamente os custos de um conflito físico e compreendem o valor superior de conquistar a mente dos adversários em vez de derrotar suas mentes ou seus corpos.
8. Não é possível implementar uma mudança sustentável sem uma mudança de mentalidades.
9. Derrotar os outros é uma forma errada de pensar. Se nos erguermos até o objetivo mais elevado, estaremos além da contenda.
10. Para "vencer", talvez tenhamos de esmagar outras pessoas. Embora as coisas esmagadas freqüentemente se percam, é também freqüente que a essência da contenda sobreviva. Para vencer verdadeiramente é necessário levar em consideração a essência. A essência está evidente na mente. Inclui crenças e valores, entre outras coisas. Assim, para vencer, necessitaremos conquistar a mente de nosso adversário.

11. Temos de assumir uma posição acima do campo e ver o padrão, se queremos combater e vencer em campo.
12. Vencer em campo é menos importante que transformar o campo. O que, por sua vez, é menos importante que se mudar para um campo melhor. O que é inferior a não estar em campo.
13. Para não nos vermos obrigados a estar no campo de batalha, necessitamos de prevenção. A capacidade de previsão relativamente a possibilidades, capacidades e intenções faculta a prevenção. Se travarmos adequadamente a guerra para compreender possibilidades, capacidades e intenções, talvez não necessitemos entrar de fato em guerra. As possibilidades, capacidades e intenções não têm substância; pertencem à mente. Por conseguinte, em última instância, a guerra real é a da mente.
14. As estratégias duradouras concentram-se em inovações para realçar a vida, criando um sistema financeiro e de recompensa eficiente, estabelecendo sistemas organizacionais adaptativos, aumentando a influência sobre a vida das pessoas e criando um fórum de valor no qual as pessoas podem se empenhar.

Inclusão

15. As estratégias que libertam esse potencial incluem os outros e, por natureza, envolvem aspirações.
16. A inclusão reconhece a inter-relação das coisas. As estratégias inclusivas requerem alinhamento. O alinhamento requer a canalização de energias. A canalização de energias requer poder. O poder pode ser exercido pelos indivíduos sobre si mesmos ou sobre os outros. Como o exercício de poder sobre si próprio é o mais difícil, os homens procuram exercer poder uns sobre os outros. Por sua própria natureza, esse poder semeia a discórdia, porque procura criar um detentor de poder e um servidor do poder. Conseqüentemente, o alinhamento não é alcançado.
17. Por conseqüência, as estratégias inclusivas criam sincronismo. As atividades tornam-se coordenadas e, assim, atingem um resultado predeterminado; seguem-se iniciativas que atingem objetivos comuns, e os ativos se amalgamam criando sinergia.

18. As entidades definem-se como separadas. As entidades não se comportam de acordo com uma compreensão da inter-relação de todas as coisas. Essa falha verifica-se em todos os tipos de entidades, sejam elas pessoas, organizações ou países.
19. As estratégias inclusivas falham devido à incapacidade de muitas entidades de agir em uníssono e de se adaptar adequadamente a circunstâncias em mudança. Essa falha reside na direção em que se aplica a energia. De modo que se trata de uma falha da aplicação de poder. Assim, é uma falha de estratégia.

Aspiração

20. Alcançar resultados sem conflito requer uma abordagem que inclua aspirações. As estratégias baseadas em aspirações reconhecem a enorme diversidade de vias potenciais e também que não existe necessidade de seguirmos todos a mesma via.
21. Por conseguinte, o Mestre da Estratégia inspira as pessoas a inovar, melhorar, crescer, explorar, modificar e influenciar.
22. As grandes estratégias modificam as pessoas e libertam suas energias.
23. Os estrategistas canalizam recursos para alcançar seu objetivo. O estrategista eficiente canaliza energia para alcançar o objetivo. O estrategista superior liberta energia de modo que ela alcance o objetivo. O Mestre da Estratégia liberta energia, enche-a com um princípio superior, auxilia-a a encontrar seu objetivo e torna-a poderosa.

Para além da inimizade

24. O Estrategista Iluminado situa-se além da inimizade. O Mestre da Estratégia não confere facilmente o *status* de inimigo a qualquer um.
25. Todos que podem ser derrotados com facilidade não são inimigos, são, antes, meros parceiros de luta. Todos que podem ser derrotados com algum esforço são adversários. Os inimigos são sábios. Em sua sabedoria, procuram transcender posições de conflito, conquistar integralmente e atuar de acordo com a corrente.
26. É necessário distinguir entre inimigos, adversários e parceiros de luta. Os tolos classificam as pessoas como inimigas sem compreen-

der as conseqüências. Inimigos insensatos causam conseqüências indesejáveis. O Mestre da Estratégia tem inimigos sábios e assim faz aumentar suas chances de obter um resultado desejável.

7. GOVERNAR

As questões fundamentais a considerar incluem:

- *Como podemos ser eficazes no governo ou liderança de outros?*
- *O que distingue um líder benevolente de um líder eficaz?*
- *Por que fracassam os líderes?*

1. A possibilidade de escolha é uma função do poder. Os poderosos possuem-na e podem ou não concedê-la aos que carecem de poder.
2. O meio determina que tipo de pessoa sobe ao poder.
3. As pessoas têm o que merecem ou estão dispostas a tolerar aquilo por que não estão dispostas a dar a vida.
4. Os governantes são produto da história, da cultura, de valores, das circunstâncias e, em particular, dos seus súditos.
5. Os governantes iluminados só estão capacitados a governar uma sociedade que possua aptidão para ser uma sociedade iluminada. Similarmente, os déspotas só têm capacidade para governar as sociedades que possuam aptidão para o despotismo.
6. Os governantes falham quando se concentram no governo, que é o sistema ou burocracia para governar e não o objetivo do governar. Tais governantes estão envolvidos no sistema e não com as pessoas. O papel do governante consiste em libertar o potencial humano. Para isso, é necessário que ele crie as condições necessárias para que as pessoas possam concretizar seu potencial.
7. As pessoas são transformadas por meio de seus sentidos e comportamentos ou de suas crenças e mentes. Por conseguinte, a tarefa dos governantes consiste em modificar comportamentos ou crenças. Evidentemente, ambos estão interligados.
8. As experiências suscitam sentimentos que, por sua vez, geram crenças e estas, por seu turno, geram comportamentos. A mo-

dificação de crenças pode modificar o comportamento. Do mesmo modo, a modificação do comportamento pode modificar as crenças.

9. Os pré-requisitos para o processo de concretização do potencial das pessoas são a paz, a prosperidade e a liberdade. Para concretizarmos nosso potencial, os requisitos são também a guerra, a pobreza e a opressão. Aqui reside o dilema. Sem desafios, não nos desenvolveremos. São necessários desafios extremos para levar o desenvolvimento aos seus limites extremos. Quando os desafios se tornam avassaladores, não nos desenvolvemos. Conseqüentemente, o desenvolvimento é uma questão de equilíbrio.
10. Por conseqüência, os opressores preparam o caminho para a paz e os pacificadores preparam o caminho para os opressores. O ciclo natural envolve ambos.
11. A fuga ao ciclo inicia-se com uma tomada de visão. A visão conduz à escolha. A escolha provém do poder. O poder sobre si próprio elimina conflitos. Conseqüentemente, visão, escolha e poder são os ingredientes para escapar ao ciclo de liberdade-opressão.
12. Apenas as pessoas iluminadas escapam ao ciclo de liberdade-opressão. Só o líder iluminado pode auxiliar os outros a escaparem. Os líderes não-iluminados são tão-somente, capazes de afinar, o sistema de governo.
13. Na maior parte dos casos, os líderes que fazem o bem fazem-no acidentalmente. Acidentalmente porque não têm consciência de si próprios e das conseqüências de suas ações. É este o estado atual da humanidade; aplica-se igualmente aos líderes. O bem intencional requer um nível mais elevado de consciência, de tal modo que seu estado ontológico conduza aos resultados corretos.
14. A lição para os líderes é que devem buscar a paz, a prosperidade e a liberdade. A paz é aprendida. A prosperidade tem de ser ganha. A liberdade tem de ser (re)instilada, porque a perdemos ao longo da vida.

8. RESULTADOS

As questões fundamentais a considerar incluem:

- *Qual é o papel da execução na estratégia?*
- *Quais são os pré-requisitos para alcançar resultados?*
- *Com que freqüência necessitamos definir estratégias?*

1. As limitações da estratégia são a imaginação, os ativos e a energia. Por conseguinte, é necessário libertar a imaginação, adquirir os ativos e acrescentar a energia.
2. O pacifismo e a rigidez diante da mudança resultam numa carência de aptidão para sobreviver.
3. É da natureza da existência envolver-se. Esse envolvimento pode ser consciente ou subconsciente, construtivo ou destrutivo, preventivo ou reativo. Só a morte permite que nos desliguemos do mundo.
4. As estratégias são executadas por meio do envolvimento na atividade de investir e explorar ativos.
5. Para a execução, as estratégias são traduzidas em investimentos; os estrategistas transformam-se em investidores em ativos. Esses ativos podem ser intangíveis, como o tempo; intelectuais, como as idéias; e físicos, como a terra, as pessoas e as máquinas.
6. Como todos os ativos nascem da mente das pessoas, os investidores investem essencialmente em mentes.
7. Os estrategistas falham quando não formam uma visão apropriada, não tomam posições adequadas e não exercem uma influência apropriada.
8. O pré-requisito para investir é a visão, cuja qualidade é medida pela sua altura, profundidade e amplitude relativamente a outras – sua diferenciação. A visão deve modificar-se quando a situação se modifica. Deve estar viva para continuar a ser relevante.
9. Para a execução de estratégias, os estrategistas bem-sucedidos tomam posições que têm as características de organismos sobreviventes. Suas posições são claras e adequadas à situação. Por inclinação natural, essas posições são as necessárias à sobrevivência.

10. O estrategista superior não é passivo, antes influencia a situação – o próprio meio. Essa influência baseia-se na visão e na posição, que devem ser adequadas para serem relevantes.
11. A força do círculo de visão, posição e influência determina a força do investimento e do seu resultado.
12. Conseqüentemente, o modelo completo incorpora visão, posição e influência.

9. MESTRIA

As questões fundamentais a considerar incluem:

- *Qual é o requisito pessoal para a mestria da estratégia?*
- *Por que fracassam alguns estrategistas bem-sucedidos?*
- *Como podemos maximizar nossas chances de nos tornarmos um Mestre da Estratégia?*

A via natural

1. Existe um ritmo do jogo. Não ouvimos a batida. Não discernimos o ritmo. Não somos capazes de dançar de acordo com a melodia. Ouvimos fragmentos. Sentimo-nos fora de sintonia. Abafamos os fragmentos com ruído. Esse ruído aparenta ser o jogo. Contudo, quando possuirmos mestria, estaremos em sintonia com o ritmo das coisas e, assim, acompanharemos o ritmo naturalmente.
2. O Mestre da Estratégia é aquele que não só se prepara para o meio existente, mas também para os meios prováveis. Tal pessoa cria os meios mais duros para se aperfeiçoar e é capaz de transcender seus próprios receios e ambições pessoais para tentar atingir o resultado superior mais "adequado".
3. Existe uma via que é profundamente sentida. É essa via que conduz ao sucesso. Todas as outras são artificiais.
4. Só poderemos encontrar nossa via profundamente sentida se formos capazes de sentir profundamente dentro de nós e do mundo.
5. Falhamos quando seguimos um processo cegamente, suprimindo a sensibilidade, a consciência e a observação.

6. Não é possível manter vantagens.
7. Para sobreviver, devemos concentrar-nos na aptidão para o objetivo. Para o conseguir, temos de conhecer o meio e sintonizarmo-nos com ele.
8. Para prosperar, devemos seguir o fluxo da ordem "natural" das coisas; procurar o equilíbrio em nossas relações conosco, com os outros, com todas as coisas.

Estratégia, meio e cultura

9. O Mestre da Estratégia é mestre de seu meio. Muitas formas de vida sobrevivem. Algumas vivem para comer, outras, para serem comidas. Os aptos sobrevivem, entretanto, os mais aptos, são mestres de seu meio. Sua mestria não é artificial, não implica uma presença gratuita ou gananciosa.
10. Quanto mais duro for o meio, tanto mais resistentes serão os que sobrevivem e os que prosperam.
11. Num mundo com grande número de meios complexos nos quais jogar, os que sobrevivem e prosperam provêm dos meios mais duros.
12. A mestria de uma coisa conduz à mestria de todas as coisas. Podemos aprender estratégia fazendo qualquer coisa de uma forma plena de poder, objetivos e princípios. Uma vez aprendida a lição, ela poderá ser aplicada a tudo.
13. As generalizações auxiliam-nos a compreender o geral. Os encontros são específicos. As estratégias têm de ser específicas.
14. Em geral, o protegido de um meio duro vencerá o protegido de um meio mais fraco. Contudo, num encontro específico, não se deve pressupor que isso é verdade. É possível que o adversário tenha criado um meio mais duro para si próprio.
15. O Mestre da Estratégia é aquele que prospera no meio mais duro e que impôs a si mesmo o regime mais duro possível.
16. Para ajuizar quem vencerá, é necessário ajuizar quem possui o melhor "sistema" de teste e desenvolvimento das pessoas.
17. Uma célula de habitantes aptos a sobreviver e com uma concentração obstinada e a capacidade de vencer nas situações com que deparam pode substituir a estratégia. As normas de tal célula são

aquilo a que chamamos "cultura". A cultura pode vencer a estratégia se as pessoas dessa cultura tiverem sido preparadas num meio que é mais definido, duro e flexível do que o meio do estrategista. Por conseguinte, a cultura pode prevalecer sobre a estratégia.

18. A estratégia prevalece sobre a cultura quando se verifica uma mudança substancial na situação ou no meio que requer nova abordagem.
19. Os novos desenvolvimentos importantes ocorrem na seqüência de uma situação de máxima opressão. Os novos desenvolvimentos virão dos que criam revoluções. Esses revolucionários provêm de todos os estratos: comercial, artístico, científico e militar. O custo dos novos desenvolvimentos será elevado, porque são obtidos sobre os alicerces da opressão. Esses revolucionários sentirão que os regimes sob os quais vivem são opressivos e necessitam ser derrubados.
20. Na história do homem, a opressão é, freqüentemente, institucionalizada por detentores pessoais de poder.
21. O ciclo de opressão e de novos desenvolvimentos é uma característica do desenvolvimento do homem.
22. A opressão é medida por meio da dureza do meio. Freqüentemente, chamamos-lhe injusta.

O desenvolvimento da mestria

23. A dureza auto-imposta pode ser um substituto da dureza imposta pelo meio ou pelas instituições.
24. Por conseguinte, para nos tornarmos mestres, temos de impor a nós próprios a dureza que criará a mestria. É essa a via do Mestre da Estratégia.
25. Produzem-se estrategistas ultrapassando barreiras. O nível em que os estrategistas jogam é determinado pela oportunidade. Ela pode surgir ou ser criada por nós mesmos ou por instituições. Para maximizar as chances de transformar o talento em mestria, a oportunidade deve ser institucionalizada. Devem colocar-se todos os obstáculos possíveis no caminho desse talento para possibilitar que seja testado, eliminado e aperfeiçoado. Tal procedimento desenvolverá os instintos. As ações instintivas são mais rápidas do que as premeditadas. O desenvolvimento dos instintos corretos é difícil.

26. Não devemos limitar o âmbito de nossas definições de barreiras. Um meio duro não apresenta somente barreiras físicas. Entre os testes mais importantes contam-se os emocionais, os intelectuais e os intuitivos.
27. O medo e a ganância são a raiz da maior parte dos comportamentos e, por conseguinte, são a raiz da maioria das estratégias.
28. Para compreender a estratégia, temos de compreender o medo e a ganância. A via do medo conduz à ira e, daí, ao ódio. A via da ganância conduz à cupidez e, daí, à malícia.
29. Fracassamos porque abordamos o problema do ódio. Fracassamos porque abordamos o problema da ira. Fracassamos porque deixamos de abordar o problema do medo. Quando encontramos ódio, devemos procurar a ira. Quando encontramos ira, devemos procurar o medo. O medo é uma das raízes.
30. Fracassamos porque abordamos o problema da malícia. Fracassamos porque abordamos o problema da cobiça. Fracassamos porque deixamos de abordar o problema da ganância. Quando encontramos malícia, devemos procurar a cupidez. Quando encontramos cupidez, devemos procurar a ganância. A ganância é a outra raiz.
31. Aprender pode proporcionar compreensão. Meditar pode conduzir a maior consciência. A ação pode conduzir à transformação.
32. A estratégia para ser mestre dos outros é semelhante à estratégia para ser mestre de si próprio.
33. Quando somos mestres de nós próprios, não existe necessidade de ser mestre de mais nada. Tudo será como está destinado que seja.

AS TRÊS LEIS DO MESTRE DA ESTRATÉGIA

Está na natureza do ser humano sonhar e ter aspirações e, em seguida, esforçar-se, enganar e lutar para concretizar seus sonhos e aspirações. A estratégia é apenas a palavra que usamos para designar o pensamento que investimos na determinação da forma como venceremos. Nosso ego leva-nos a acreditar que deveríamos vencer. Nossa visão limitada nos faz crer que compreendemos as conseqüências de nossas ações. Nossa falta de disciplina leva-nos a procurar soluções superficiais e de curto prazo para problemas complexos. Esses fatos não se modificarão, porque são constituintes fundamentais da condição humana. Contudo, podem ser formuladas estratégias para maximizar as chances de "acertar". Os estrategistas que formularem essas estratégias necessitarão seguir três princípios fundamentais, a saber:

1. O Mestre da Estratégia deve erguer-se acima dos organismos em conflito e identificar uma posição comum mais elevada.
2. O Mestre da Estratégia deve determinar como conquistar integralmente e assim minimizar o desperdício e a destruição.
3. O Mestre da Estratégia deve encarar um acontecimento como parte de um fluxo de acontecimentos e reagir no contexto do fluxo e não só do acontecimento.

O Mestre da Estratégia é capaz de transcender os traços positivos e negativos de uma situação para identificar uma posição mais elevada e superior, à qual, em princípio, ambas as partes poderiam aderir. O Mestre da Estratégia determina como "conquistar integralmente", ou seja, sem destruição. O Mestre da Estratégia não reage de forma excessiva a acontecimentos individuais, antes compreende que tais acontecimentos devem ser encarados no contexto de um fluxo de acontecimentos do passado e de potenciais acontecimentos futuros.

No capítulo seguinte, examinaremos a forma como esses princípios podem ser aplicados no exercício de uma estratégia com poder, objetivos e princípios. Examinaremos, em seguida, os novos desenvolvimentos necessários para ultrapassar as limitações das abordagens predominantes da estratégia. No capítulo final, consideraremos a questão da mestria e o que é necessário para alcançá-la.

4

O EXERCÍCIO DO PODER, DOS OBJETIVOS E DOS PRINCÍPIOS

> "O Estrategista Iluminado é aquele capaz de criar e combinar poder, objetivos e princípios superiores. Possui um poder superior tal que os outros aceitam que ele pode vencer e, por conseguinte, não tem necessidade de exercer o poder. Possui um objetivo superior tal que os outros aceitam seu objetivo. Possui os princípios que levam os outros a aceitarem sua autoridade."
>
> *O livro do poder, dos objetivos dos princípios*

OS GRANDES ESTRATEGISTAS DO PASSADO

Em épocas passadas, o título de estrategista raramente era conferido. Aqueles que o obtinham provinham de uma grande variedade de estratos e tinham suas raízes em múltiplas disciplinas. Contudo, os exemplos que mais freqüentemente saudamos são os líderes militares, porque os resultados que obtiveram são os mais óbvios.

Generais. Esses estrategistas tinham a capacidade de movimentar seus exércitos e os de seus inimigos para alcançar a vitória. Era ponto pacífico que, quando dois exércitos se confrontavam, havia um grande número de pessoas no campo de batalha, mas, provavelmente, apenas dois Mestres da Estratégia e um punhado de estrategistas auxiliares. Freqüentemente, esses Mestres eram conquistadores brutais, como, por exemplo, Genghis Khan, ou imperialistas idealistas como Alexandre, o Grande, e Napoleão.

Guerreiros filósofos. Nas batalhas do tipo "vencer ou perder" que esses estrategistas travavam, eles acabavam pondo em questão a essência da vitória e da derrota. Por fim, acabaram compreendendo que a vitória era obtida tanto sobre si próprios como sobre seu inimigo e, em última instância, que só era possível obter a vitória se ambos os objetivos fossem atingidos. Esses homens eram, com freqüência, guerreiros como Miyamoto Musashi, o esgrimista japonês do século XVII, e o Sensei Morihei Ueshiba, o fundador japonês do século XX da arte marcial *aikido,* que significa a Via da Harmonia.

Intelectuais sociopolíticos. Eram os estrategistas de gabinete que lançaram luz sobre as questões da aquisição e do exercício de jogos de poder. Maquiavel e Clausewitz são figuras de destaque nesse grupo.

Grandes mestres. Esses foram os homens que revelaram a Grande Via à humanidade. Suas estratégias implicavam seguir uma via que conduzia à iluminação ou ao Reino Celeste. Buda e Lao-tsé revelaram-nos essas vias.

Místicos. Esses estrategistas identificaram a essência das coisas e revelaram percepções para a conquista de si próprio. Com freqüência, eram personalidades controversas e considerados hereges e criminosos, contando-se, entre eles, Meister Eckhart, o pregador místico cristão do século XIII, e o Osho, guru indiano do século XX.

Os grandes estrategistas possuíam informação e recorriam à análise. Os Generais contavam com espiões e agentes em campo. Os Guerreiros Filósofos desenvolviam uma capacidade rápida, quase em um nível instintivo, de analisar, posicionar e reposicionar. Os Intelectuais Sociopolíticos analisavam a sociedade, a política e a guerra. Os Grandes Mestres seguiam uma via de auto-análise, meditação e reflexão. Os Místicos advogavam a auto-experimentação e a via da experiência.

A abordagem dos grandes estrategistas permitia-lhes saltar etapas e, por conseqüência, suas melhores estratégias sobrepunham-se às convenções de sua época. Numa ocasião, Alexandre ordenou a subida do nível de um terreno para baixar o nível em que se encontrava uma fortaleza, para não ter de recorrer a um cerco tradicional. O sensei Ueshiba ensinou que, quando nos encontramos diante do inimigo, em vez de seguir a norma de atacar a força com a força ou apenas nos afastarmos, devemos manobrar nossa posição de forma a colocarmo-nos por detrás dele.

Maquiavel não se limitou a falar da arte da guerra no sentido tradicional de forças, manobras e táticas; também se referiu à matança sistemática de todos os que se opõem a nós, incluindo parentes, de forma a garantir a não-existência de qualquer futura oposição. Buda advogava uma via além da fé e da lógica quando ensinou um sistema de auto-realização que requeria a aceitação de que não existia uma doutrina, mas somente métodos que auxiliavam a encetar uma viagem interior. A via conduzia à consciência do corpo, das emoções, da mente e dos objetos da mente por meio da quietude e da observação de seus estados. O objetivo final desse método consiste em atingir a iluminação. Osho via o ser humano como um sistema maravilhoso que se podia ligar à totalidade da criação utilizando suas partes componentes – os sentidos e os órgãos do corpo, o cérebro, a mente "superconsciente" –, e elaborou estratégias que permitiam uma desprogramação e reprogramação da máquina humana.

Suas estratégias eram mais revelação do que análise, mais sonho do que realidade, mais multidimensionais do que projeções de tendências e mais holísticas do que limitadas em seu alcance.

Assim, dadas as complexidades do mundo, qual é o modelo que necessitamos para formular estratégias hoje em dia?

A FORMULAÇÃO DE ESTRATÉGIAS DE SUCESSO

As Três Leis do Mestre da Estratégia – transcender posições em contenda, conquistar integralmente e atuar de acordo com o fluxo – apontam para a necessidade de criar estrategistas superiores com alguma noção do "bem" na sua essência. Contudo, todas as estratégias de sucesso devem respeitar seus objetivos. Existem alguns pré-requisitos para a formulação de estratégias de sucesso:

- Olhar para o que se encontra sob a superfície a fim de questionar a visão do mundo.
- Selecionar os jogadores de acordo com os atributos e os papéis requeridos.
- Construir um alicerce forte para a formulação da estratégia.

Primeiro pré-requisito: Olhar para o que se encontra sob a superfície

DE UMA VISÃO FALHA DO MUNDO A UM OLHAR PARA O QUE SE ENCONTRA SOB A SUPERFÍCIE

Para formular uma estratégia eficaz, necessitamos pôr em questão os pressupostos simplistas que tecemos em relação ao mundo. Devemos olhar um pouco mais aprofundadamente para o modelo de realidade que construímos. A maior parte dos jogadores:

Joga segundo as regras. A maior parte dos jogadores comporta-se no contexto de um modelo absorvido desde a infância, por meio da educação, dos meios de comunicação, de seus pares e patrões e do que a sociedade lhes diz que é ou não aceitável. Essas regras são as alavancas que outros utilizam para vencer. Para mantermos um código de conduta numa sociedade "civilizada", rejeitamos, evidentemente, os métodos anormais, estabelecendo normas e regras de conduta. Os pressupostos dos inimigos de Arjuna e de Krishna sobre a forma "correta" de combater foram fatores que lhes deram a vitória na grande guerra épica indiana entre o bem e o mal descrita no *Mahabharata*.

Mantém idéias fixas e simplistas sobre causa e efeito. Os limites de nossos sistemas educativos impõem às nossas mentes equações simples e lineares. Assim, possuímos idéias simples das possibilidades existentes. Somos treinados para acreditar que, "sob a circunstância x, acontecerá y". Essa equação simples forma-se a partir de experiências passadas e nos leva a sobrepor o passado às nossas decisões do presente e a fazer suposições sobre o futuro efeito das nossas ações. Um dos pontos de vista sobre a Guerra do Iraque de 2003 defendia que, logo que os Estados Unidos vencessem, os iraquianos sucumbiriam. Os Estados Unidos ficariam, então, livres para reconstruir o país e as instituições, e os iraquianos viveriam de acordo com as novas regras estabelecidas. Foi tomada a experiência da Segunda Guerra Mundial para ilustrar a validade de tal ponto de vista. Contudo, entre as variáveis presentes na Guerra do Iraque contava-se o uso avassalador de tecnologia e informação, que permitiu que a guerra fosse concluída em semanas, em vez dos anos levados para derrotar os alemães e os japoneses. Em conseqüência, os iraquianos, ao contrário dos seus predecessores históricos, não viram suas forças exauridas nem se sentiram totalmente derrotados. Do outro lado, os Estados Unidos não dispunham de reconstrutores como os que existiam no final da Segunda Guerra Mundial. As condições para o efeito pretendido não estavam presentes.

Limita as variáveis presentes em qualquer situação. A possibilidade de considerar a complexidade de uma dada situação é, freqüentemente, eliminada antes do início da elaboração da estratégia, porque identificamos um número muito reduzido de variáveis que podem estar em jogo em qualquer situação. Ao analisarmos uma carteira de negócios, levamos em consideração dois fatores: crescimento e parcela do mercado. Numa análise mais sofisticada da carteira, consideramos três fatores: crescimento, parcela do mercado e dimensão. No marketing, são quatro: produto, preço, local e embalagem. Na análise de estruturas industriais, consideramos cinco: barreiras a penetrar, substituição de produto, o poder relativo dos compradores, o poder relativo dos fornecedores e a rivalidade entre competidores. E assim por diante. Todas essas abordagens não passam de esquemas conceituais e guias – que é como alguns dos inventores pretendiam que utilizássemos seus esquemas. No entanto, os esquemas elaborados para uma época em que existiam menos dados e informação controlam ainda grande parte do pensamento atual. Uma das conseqüências é o fato de continuarmos ignorando variáveis mais difíceis de quantificar, como as aspirações de nosso povo, o ego de nosso rival ou o medo do fracasso que controla nossa própria tomada de decisões.

A combinação de nosso condicionamento (que nos leva a jogar segundo as regras), treino (que nos faz considerar causas e efeitos de modo muito simplista) e limitações (que nos levam a ter em conta um número bastante reduzido de variáveis) resulta numa visão de mundo por demais limitada, simplista e previsível. As estratégias que resultam são as mesmas: são "normais". As coisas parecem funcionar de acordo com um padrão que reconhecemos como "normal". Além disso, desejamos acreditar que tudo é normal. Isso nos permite dominar o medo de que as coisas possam estar fora de (nosso) controle.

Contudo, as coisas não são o que parecem. É somente a "superfície" que se move segundo um padrão "normal". Essa aparência cria uma ilusão. As equações simples sobre as quais assentam as causas e os efeitos que governam nossa existência demonstram ser verdadeiras na maior parte dos casos, o que reforça a ilusão. A realidade, porém, é que as equações simples são demasiado simples. Necessitamos olhar para o que se encontra sob a superfície para poder compreender os resultados potenciais. Esse olhar para o que se encontra sob a superfície revela que nosso modelo mental simplista do mundo nos leva a acreditar em vias previsíveis. De fato, as variáveis presentes em qualquer situação, combinadas com as variáveis sempre encontradas no contexto do nosso mundo, do tipo anteriormente descrito como os Sete Fenômenos Configuradores, são tais que é possível uma variedade infinita de resultados. Conseqüen-temente, é provável que o resultado possível seja de natureza caótica.

Qual é, então, a abordagem correta da estratégia num mundo em que tudo é possível?

DE CAUSA E EFEITO SIMPLISTAS A CAOS, PADRÃO, INTERLIGAÇÃO E ESCOLHA

Para criar estratégias eficazes, devemos ter uma compreensão bastante ampla e aprofundada do mundo. O impulso de tentar compreender o mundo é tão antigo como a história do conhecimento. Duas abordagens, aparentemente nos dois extremos do espectro, procuraram chegar a uma Grande Teoria Unificada do mundo: Buda considerava que essa compreensão da unificação provinha da própria consciência; Einstein acreditava que ela residia no domínio da física. A necessidade de ver os padrões subjacentes a acontecimentos aparentemente fortuitos é parte importante da disciplina dos estrategistas. Devemos acrescentar uma série de conceitos ao pensamento dos estrategistas para possibilitar a tomada dessa visão mais "integral".

O primeiro conceito a acrescentar a nosso pensamento é o do caos em relação à causa e ao efeito. A primeira implicação do caos é que, dado o vasto número de variáveis potenciais, existe um número infinito de resultados, que podem ser de magnitude infinita. A segunda coisa a ter em mente é que não existe um resultado em termos absolutos. Ou, para encarar a questão de modo diferente, existe um número infinito de resultados possíveis num fluxo de ocorrências caóticas. Por conseqüência, o resultado é apenas uma espécie de instantâneo. A terceira coisa a ter em mente é que aquilo que parece ser caótico a determinado nível, possui um padrão, desde que sejamos capazes de recuar um passo. Quando estamos deitados na praia com a cabeça na areia e olhamos para as ondas, não existe um padrão discernível em sua forma. Isso é verdade. Contudo, quando subimos a uma rocha e olhamos para a praia lá embaixo, vemos claramente o padrão das ondas na maré. Isso também é verdade. O padrão pode nos levar imediatamente a uma conclusão sobre as ondas em todas as circunstâncias. É esta a armadilha do esquema conceitual popularizado.

O estudo do universo por parte do homem começa a revelar padrões. O estudo do cosmos começa a revelar o padrão do fluxo do universo. O estudo do sistema solar começa a revelar o padrão do fluxo das forças nos planetas e entre eles. O estudo do corpo e da mente começa a revelar o padrão da existência do ser humano. Assim, nossas estratégias necessitarão discernir os padrões naquilo que parece ser o caos.[1]

O segundo conceito a acrescentar ao nosso pensamento é o da interligação. Todos os resultados são uma espécie de instantâneo e, como acabamos de ver, conseqüência da interação de um número infinito de variáveis. Consideremos cada resultado como uma coisa. Ela pode ser tangível, um produto criado, ou intangível, uma emoção. Cada coisa é uma conseqüência da interação de outras coisas. Por interação queremos dizer a relação de causa e efeito. Assim, a existência de cada coisa é dependente de outra. Em nível mais simples, podemos dizer que são coexistentes e interdependentes, e nossas estratégias terão de reconhecer essa interdependência inerente de todas as coisas. Isso implica que nossas estratégias não sejam, como freqüentemente as julgamos, fins em si próprias, mas tenham, antes, uma carga de conseqüência.

Existe ainda mais um conceito para acrescentar a nosso modo de pensar. Trata-se da noção de "escolha contextual", ou seja, no nível individual, as escolhas processam-se em determinada atitude mental, num contexto que determina como abordamos a estratégia. O ponto de vista otimista defenderá que, "se tudo é possível, temos o potencial de fazer com que tudo aconteça". O ponto de vista pessimista defenderá que, "se tudo é possível, não temos o potencial de fazer com que algo aconteça". A mente impotente dirá que "quase nada está sob meu controle". A mente megalomaníaca dirá que "tudo está sob meu controle". Será assim tão simples? Será apenas uma questão de atitude mental? A resposta é que, se começarmos pela mente, é de fato tão simples como isso. Nossa estratégia centra-se nas intervenções que pretendemos fazer, baseadas na visão de mundo que possuímos. Se começarmos no outro extremo, no universo, nossa estratégia forma-se no contexto do padrão maior. Assim, necessitaremos fazer nossas escolhas com base em uma perspectiva da situação.

A escolha é função do poder. Os poderosos são poderosos porque podem escolher entre partilhar ou não seu poder com os outros. São também poderosos porque nós lhes permitimos fazer essa escolha. Assim, o poder se ganha ou perde com base nas escolhas que fazemos e que somos autorizados a fazer. Os acontecimentos ou resultados surgem de escolhas deliberadas ou interações "casuais" ou caóticas, que não conseguimos ver como um resultado direto de nossas escolhas. O caos é, simultaneamente, resultado de escolhas deliberadas e de interações casuais. Por conseguinte, qualquer que seja a estratégia que adotemos, ela conduzirá, por fim, a um resultado transitório no contexto de um fluxo de acontecimentos mais amplo.

DA ESTRATÉGIA COMO ACONTECIMENTO À ESTRATÉGIA COMO FLUXO

No campo da física e da mecânica quântica, o físico David Bohm defendia uma visão holística do universo. Sentia que necessitaríamos aprender a considerar a matéria e a vida como um todo, como um domínio coerente.[2] As artes marciais chinesas mais "suaves" e ágeis, como o Wing Chun, requerem que seu praticante deslize de forma suave e rápida de uma posição para a seguinte em face de um assalto de muitas forças imprevisíveis. Considera-se que as tradições mais "duras" privilegiam o uso da força e, por conseqüência, são mais rígidas, o que, por seu turno, restringe sua capacidade de reação à mudança. Os estrategistas têm muito a aprender do conceito de estratégia como um "fluxo de ações".

É tentador encarar a estratégia como um acontecimento singular. Com muita paciência, a estratégia é conduzida como uma atividade programada – tal como a elaboração de orçamentos e inventários ou a contabilidade –, enquanto, na realidade, consiste em ação e reação ao mundo. Como o mundo, a estratégia não tem princípio nem fim. As forças da mudança estão constantemente nos atingindo. Por vezes, atingem a periferia de nosso corpo, e por isso não as sentimos; outras vezes, atingem o interior de nosso corpo, e por isso, mais uma vez, não as sentimos; e ainda, outras vezes, atacam múltiplos locais, e não reconhecemos o padrão de seu ataque. A natureza grosseira da nossa consciência não nos ajuda. Tornamo-nos insensíveis às forças em jogo. A estratégia necessita ser sensível a elas de modo a poder ser constantemente aplicada a essas forças. O fluxo de mudança tem de ser acompanhado por uma estratégia que se encontre, ela própria, em fluxo.

Os princípios básicos da formulação de estratégias terão de ser modificados para podermos:

- Tornar-nos sensíveis a um número maior de variáveis.
- Considerar o fluxo de acontecimentos e o resultado como simples instantâneo nesse fluxo.
- Procurar identificar o padrão no fluxo caótico.
- Procurar compreender a interligação de todas as coisas.
- Examinar a conseqüência de nossas ações.

A adoção dessa abordagem tornará nossa visão de mundo mais madura e nos tornará mais sensíveis à mudança e mais adaptados às forças que nos rodeiam. O requisito explícito para o estrategista consiste em:

- Exercer a capacidade de escolha no contexto da consciência do fluxo "natural" da mudança e
- Eliminar o ego da estratégia, já que tudo o que alcançarmos não será inteiramente um produto nosso.

Estes requisitos não podem ser satisfeitos por quem não alcançou ainda um estado de iluminação. Nós, os não-iluminados, não nos encontramos suficientemente conscientes e desprendidos do ego. Só podemos tentar. O produto dessa abordagem da estratégia é uma "Estratégia Madura".

Segundo pré-requisito: Selecionar os jogadores de acordo com os atributos e papéis requeridos

A existência de uma "Estratégia Madura" depende da maturidade do estrategista e de sua visão de mundo. Evidentemente, tal distinção é artificial, mas é aqui abordada para ilustrar duas exigências: o desenvolvimento de atributos pessoais e o desenvolvimento da compreensão.

Como já afirmamos, em situações que requerem estratégia há, usualmente, um só estrategista e um grande número de operadores. Embora muitos deles tenham títulos que dão a impressão de também eles serem estrategistas, sua experiência só os preparou para serem operadores. Alguns deles terão maior experiência na abordagem de situações do que outros. Entre eles existirão alguns com poder ou influência e, por conseguinte, com a capacidade de fazer prevalecer os seus pontos de vista.

Apresenta-se, assim, uma oportunidade de derrotar o adversário (caso a derrota seja o objetivo em questão). É possível que a cultura, o processo, as relações e as fraquezas de nosso adversário o impeçam de ser claro relativamente a quem é ou não estrategista. Conseqüentemente, compreender a cultura e o processo de formulação de estratégias do nosso adversário é um aspecto fundamental do posicionamento estratégico (caso o posicionamento seja o objetivo em questão).

A maior parte dos processos de formulação de estratégias envolve uma fórmula de tomada de decisão coletiva. Os passos coletivos são tomados por meio de atividades como o brainstorming, que com freqüência se realizam para resolver problemas, estabelecer prioridades, definir objetivos e alvos. O brainstorming é, usualmente, mas nem sempre, uma indicação de que existe uma carência de liderança com relação à estratégia. É de importância crítica não confundir a formulação de estratégias com a necessidade de comunicação e "aquisição".

Quando nos encontrarmos perante um adversário que utilize a técnica do brainstorming devemos tentar identificar uma das quatro situações seguintes:

> ***Situação um: O mestre e os noviços.*** Essa situação consiste numa sessão de brainstorming entre um Mestre da Estratégia e um grupo de estrategistas bem menos maduros. Apenas acidentalmente conduzirá a uma estratégia superior à que pode ser desenvolvida pelo Estrategista Maduro sozinho, a não ser que ele se disponha a manipular a situação para garantir o resultado que deseja.
>
> ***Situação dois: O mestre e os aprendizes com diferentes graus de maturidade.*** O brainstorming entre um Mestre e os que se encontram em vários estágios da escala de maturidade pode conduzir a aperfeiçoamentos marginais da estratégia, a que o Estrategista Maduro chegaria por si só. Os aperfeiçoamentos resultarão da capacidade de outros, particularmente dos especialistas e dos que se encontram mais próximos do Mestre da Estratégia em termos de maturidade, de chamar a atenção do Mestre da Estratégia para outros fatores. Sua contribuição pertence mais ao campo da informação do que ao da estratégia.
>
> ***Situação três: Um grupo de mestres.*** O brainstorming entre um grupo de Estrategistas Maduros pode conduzir a uma estratégia de qualidade mais elevada devido às diferentes percepções de igual qualidade. As características dessa situação assemelham-se mais às de um conselho de estrategistas do que às de uma sessão de brainstorming.
>
> ***Situação quatro: O Estrategista Iluminado.*** O brainstorming com alguém no último nível superior é desnecessário. O resultado não pode ser melhorado.

A extensão dos aperfeiçoamentos na estratégia formulada pelo estrategista depende da maturidade dos participantes, do próprio processo e dos dados utilizados. Quando a estratégia de nosso adversário se baseia nas situações 1 e 2, em outras palavras, num processo com falhas, temos mais chances de sucesso.

Uma boa formulação de estratégia requer honestidade e clareza com relação aos papéis implicados. Os outros papéis integram-se em duas categorias: papéis primariamente concentrados no fornecimento de informação ao estrategista e papéis concentrados na execução da estratégia.

Os papéis informativos são desempenhados por pesquisadores que recolherão os dados e as informações necessários para permitir ao estrategista começar seu trabalho; analistas que analisarão os dados e a informação para auxiliar o estrategista a compreender sua natureza, e especialistas técnicos que determinarão os pormenores dos métodos que podem ser utilizados para implementar as estratégias.

Os papéis executivos são desempenhados por líderes incumbidos da responsabilidade pela ação. Esses líderes integram-se numa variedade de formações e hierarquias e serão organizados para cobrir todos os aspectos da execução da estratégia.

Nos dois campos dos papéis informativos e executivos serão encontrados os elementos que aspiram a tornar-se estrategistas. Por meio da experiência, poderão desenvolver sua maturidade, aperfeiçoar-se e desenvolver uma visão estratégica. No entanto, a assimilação dessas experiências e sua transformação em capacidade estratégica é rara. Poucos têm a determinação para se submeter aos rigores do autocontrole necessários para desenvolver a maturidade. Embora as condições dessa assimilação sejam específicas para cada indivíduo, podemos tirar algumas lições, o que será feito no sexto capítulo.

Para concluir, existem muitos analistas e executores, mas poucos estrategistas. Ser honesto na definição de papéis é de importância vital.

Terceiro pré-requisito: Construir um alicerce forte para nossa formulação da estratégia

Há muito que a coleta de dados é reconhecida como pré-requisito da formulação de estratégias. No mundo antigo, Sun Tzu, da China,

Chanakya, da Índia, e os ninjas do Japão sabiam da importância crítica dos dados e da informação, tal como a CIA, em nossos dias.

Os alicerces de uma boa estratégia são minados por uma série de fatores, que já foram abordados neste trabalho. Um dos outros fatores que minam os alicerces de uma boa estratégia resulta de idealizarmos como heróis um grande número de nossos líderes modernos. Essa idealização conduziu à concentração de poder e resultou em uma pressão para agir. Os líderes com inclinação para a ação parecem decididos e têm mais chances de manter sua liderança. Os que se inclinam para a ação buscam posições que requerem ação. A inclinação para a ação dos líderes em situações destacadas conduz aos erros mais fundamentais na obtenção de objetivos estratégicos, porque os alicerces de suas estratégias são frágeis. Quando a ação é baseada em um alicerce sólido, tem maiores chances de alcançar resultados.

Não será possível ir diretamente para os resultados? Indubitavelmente, uma cultura vocacionada para o sucesso pode fazê-lo, mas somente até ocorrer uma mudança substancial no meio que transcenda a experiência da cultura. Nesse ponto, é necessária uma estratégia. Infelizmente, um grande número de pessoas procura ir diretamente para os resultados com demasiada rapidez. As razões para que isso aconteça são:

Muitos "líderes machistas" agem antes de pensar. Não levam em consideração os fatos relevantes e as conseqüências.

Muitos "analistas" se detêm na análise. Não levam em consideração nem utilizam a experiência, a intuição, a sabedoria, as mentes e as ações estratégicas de outros.

Muitos indivíduos da "geração mais velha" se detêm na experiência e na intuição. Não assimilam novos dados, nova informação e novos conhecimentos. Suas suposições quanto à validade da sua visão do mundo, baseadas no seu legado, impedem que eles também avancem na direção da sabedoria.

Muitos "líderes religiosos e gurus" se detêm na sabedoria. Não aplicam sua sabedoria aos problemas do mundo e, por conseguinte, não se esforçam ao máximo por agir no interesse de outros seres vivos. Estão fascinados por sua própria energia, mente e consciência. Deixam a sorte do mundo aos menos sábios.

Os resultados desses "estrategistas", muito condicionados pela tendência para a ação, não se beneficiam da passagem integral pelo ciclo de análise, experiência e intuição, sabedoria, estratégia e, finalmente, ação.

As outras variáveis a considerar na formulação de estratégias são o tempo e o contexto. Pode-se imaginar que tudo é possível e, por isso, agir muito lentamente, dadas as mudanças no meio ou no contexto.

Existem algumas coisas em particular a considerar na formulação de estratégias. A primeira e mais importante é o fato de a estratégia ter relação com a obtenção de um resultado. A segunda é que, para atingir o resultado, é necessária uma série de condições ou estados, e o "resultado" é um dos estados da estratégia. A última coisa é que são necessárias "intervenções" ou ações para avançar no sentido da obtenção do resultado.

A função da estratégia é proporcionar um resultado. O resultado é um dos Cinco Estados, que se tornam aparentes devido a Quatro Intervenções:

1. O Estado Fundador são os Dados e a Informação.
2. Com a intervenção da Análise, os Dados e a Informação são transformados num Estado do Conhecimento.
3. Com a intervenção da Experiência, o Conhecimento é transformado no Estado da Percepção.
4. Com a intervenção da Sabedoria, a Percepção é transformada no Estado de Previsão.
5. Com a intervenção da Estratégia e da Ação, a Previsão é transformada em Resultados.

O EXERCÍCIO DO PODER, DOS OBJETIVOS E DOS PRINCÍPIOS

Poder

Na cultura popular, o poder manifesta-se, geralmente, em lutar e vencer. A batalha pelo poder superior concentra-se na competição, perturbação e dominação. O maior poder é a capacidade de vencer sem ter de lutar.

COMPETIÇÃO

Uma Estratégia de Competição bem-sucedida resulta num rival derrotado. Os rivais são mais eficazmente derrotados quando sua mente é derrotada. A outra opção é destruir seu povo e as propriedades. Uma estratégia de destruição requer que o destruidor abandone a esperança de obter o apoio e a boa opinião do mundo. Trata-se de uma via que é e continuará sendo cada vez mais difícil de justificar num mundo em que as notícias são livremente distribuídas e acessadas. As estratégias de competição baseiam-se numa mudança do equilíbrio a nosso favor.

Três das razões-chave para justificar as estratégias de competição são:

Recursos limitados. O argumento é que os recursos são limitados e, por conseguinte, temos de lutar por nosso quinhão. Em qualquer momento específico, isso se aplica aos recursos básicos com os quais podemos realizar nossas ambições. Essa via conduz a um longo ciclo de acumulação de recursos seguida pela destruição dos recursos dos outros.

Oportunidades limitadas. O argumento é que o número de boas oportunidades é escasso e, por conseguinte, temos de lutar por nosso quinhão. Isso se aplica a qualquer oportunidade pela qual decidamos competir. Em outras palavras, o argumento é circular. Essa via baseia-se no pressuposto de que temos de depender das oportunidades que surgem e não criá-las, e baseia-se também, implicitamente, na crença de que a imaginação e a criatividade são limitadas. Essa via leva muitos jogadores a perseguir um volume substancial de idéias similares na esperança de levar a melhor sobre os outros.

Tempo limitado. O argumento é que dispomos de tempo limitado para satisfazermos nossas ambições. Mais uma vez, para qualquer período específico, o argumento pode ser considerado verdadeiro, uma vez que somos limitados pelo tempo, atribuído pelos analistas das empresas, para apresentar lucros (um trimestre); pelos investidores e acionistas, para apresentar resultados (um ano); pelos eleitores, para concretizarmos nossas promessas (quatro anos). Essa via nos leva a restringir artificialmente nossas estratégias, mas se trata de uma restrição real, caso joguemos segundo as regras dos outros.

Em qualquer momento específico, essas restrições são válidas. Contudo, são temporárias e transformaram-se em fatores limitadores, em constantes, pressupostos e sabedoria popular. Existe uma verdade mais fundamental: essas três limitações são restrições auto-impostas e equívocas. Permitem-nos ignorar a realidade mais profunda, o fato de que seguimos estratégias de competição porque não somos suficientemente perspicazes para fazer o que pode evitar a competição. Ainda mais fundamentalmente: a verdadeira razão para seguir estratégias de competição tem sua base nas falhas humanas. As principais falhas resultam de pressupostos e de crenças, entre os quais se incluem os seguintes:

- A crença de que vencer os outros é natural.
- O pressuposto de que o desempenho das pessoas melhora quando elas têm medo.
- A crença de que a agressão é um requisito para obter-se o que se pretende.
- A crença de que os fins justificam os meios.
- A crença de que há sempre um preço a pagar e que deve ser pago pela outra pessoa.
- A crença de que é correto utilizar a força.

Tais crenças e pressupostos conduzem à utilização da força, à exploração das pessoas e ao desperdício de recursos. Essas estratégias conduzem aos princípios da guerra, que são então aplicados a negócios e não constituem a forma mais eficaz de criar valor.

As estratégias mais eficazes baseiam-se na conquista da mente. O método estratégico moderno falha ao não nos preparar para essa batalha. Legados, recursos e capital não constituem a base da competição, que é, essencialmente, uma batalha pela mente. Existem três jogadores potenciais: nós, nosso inimigo e o “alvo” de nossa batalha.

Em um nível básico, derrotar a mente do adversário requer minar ou corromper sua mente e conquistar a mente do alvo. Pode-se considerar o adversário corrompido quando ele deixa de ser flexível, de ser capz de sobreviver. Entre os métodos para conquistar a mente contam-se os seguintes:

Obstruir a capacidade do adversário de tomar a iniciativa. Isso requer que levemos nosso rival a evitar a mudança, de modo a perder a iniciativa. A indústria japonesa de bens eletrônicos de consumo aceitara tão fortemente a supremacia do mercado japonês nas décadas de 1980 e 1990 que perdeu a onda de computadores pessoais, da Internet e dos telefones celulares globais. O resto do mundo tornou-se pioneiro e lucrou com o fracasso dos japoneses, mas não porque os tivesse superado. Os Mestres da Estratégia seriam capazes de provocar deliberadamente tais resultados.

Forçar reações emocionais. Isso requer que levemos nosso rival a suprimir sua reação natural, de modo a prevalecerem as reações emocionais. Nos primeiros anos do século XXI, durante a segunda Guerra do Iraque, a divulgação de fotografias de soldados americanos torturando prisioneiros iraquianos provocou uma onda de revolta nos Estados Unidos e dividiu o país. O presidente americano viu-se perante a perspectiva de vencer a guerra perdendo, por outro lado, a presidência. Os Mestres da Estratégia seriam capazes de provocar deliberadamente tais resultados.

Levar o adversário a questionar seu julgamento. Isso requer que levemos nosso rival a considerar inadequadamente os fatos da situação, resultando em juízos superficiais. Na década de 1930, Hitler conseguiu consolidar suas forças e posições na Europa sem uma intervenção, porque as nações européias estavam demasiado dispostas a acreditar que uma guerra poderia ser evitada. Não reagiram ao que agora nos parece ter sido uma intenção clara subjacente à campanha de Hitler. Os Mestres da Estratégia seriam capazes de provocar deliberadamente tais resultados.

Causar dissensão interna nos rivais. Isso requer que provoquemos uma quebra da confiança no seio da organização do adversário. A ONU não conseguiu unir-se na segunda campanha do

Iraque liderada pelos Estados Unidos nos primeiros anos do século XXI. O ditador Saddam Hussein proporcionou acesso suficiente a seu país para convencer muitos dos aliados dos americanos de sua intenção de proceder ao desarmamento. Conseqüentemente, a invasão do Iraque liderada pelos americanos foi ridicularizada pelos franceses e pelos alemães em particular e declarada ilegal pelo secretário-geral das Nações Unidas. Os Mestres da Estratégia seriam capazes de provocar deliberadamente tais resultados.

Levar os rivais a apoiar-se em seu legado. Isso requer que provoquemos reações baseadas em fórmulas e respostas pragmáticas e a subseqüente supressão da imaginação de nosso adversário. Alexandre pôde confiar na abordagem centrada em "confrontar a força com a força" do exército persa; as hostes dos bárbaros puderam confiar nas táticas de batalha conhecidas do exército romano; após a independência da Irlanda do Império Britânico, a Índia beneficiou-se da limitada disposição dos britânicos para recorrer à brutalidade a fim de manter seu império indiano. Os Mestres da Estratégia seriam capazes de provocar deliberadamente tais resultados.

Os inimigos são vencidos quando seus pressupostos, crenças e valores são minados. Contudo, a competição conduz à retaliação. Este é um resultado natural do princípio de causa e efeito. Assim, e finalmente, é importante recordar que a batalha pela mente pode assumir muitas outras formas positivas quando a mente é conquistada em vez de ser vencida.

PERTURBAÇÃO

Uma Estratégia de Perturbação bem-sucedida provoca uma mudança no curso, funcionamento ou natureza do sistema do inimigo.

É como se infectássemos o inimigo com um vírus. Para esse fim, o sistema pode ser político, empresarial ou econômico, um sistema de investimento ou de mercado, ou uma comunidade, família ou estilo de vida. Três das formas mais populares de implementar estratégias de perturbação são:

Usar outros como alavanca. O argumento é que uma pequena força não pode competir diretamente com uma força maior. Por isso, os jogadores menores, que são usualmente rivais, juntam-se para atacar um inimigo comum. Essa via tem o benefício potencial de uma força ampliada aplicada ao inimigo. O risco possível é que as forças menores, que usualmente também são inimigas, não ajam como uma só.

Empregar uma força limitada. O argumento é que nem sempre é necessário destruir o inimigo. O objetivo é obter um impacto controlado, essencialmente travar uma "guerra limitada". Essa via, se bem-sucedida, minimiza a destruição. O conceito de uma "guerra nuclear limitada" foi muito discutido no século XX, com forte expectativa de que a retaliação acabaria por resultar numa guerra nuclear total. A natureza dessa técnica é tal que, uma vez desencadeada a perturbação, com freqüência será difícil controlá-la, particularmente quando se confrontam dois inimigos substanciais.

Surpreender. O argumento é que obteremos melhor proteção e teremos maior probabilidade de alcançar nossos objetivos por meio de uma ação dissimulada. O objetivo é atacar onde menos se espera. Quando é bem-sucedida, essa via leva à confusão na mente do inimigo, que em conseqüência terá dificuldade em reagir.

As estratégias de perturbação são também destrutivas, mas possuem outras características dignas de nota que proporcionam opções aos estrategistas, entre as quais a utilização de um só atacante ou de múltiplos atacantes; a adoção de uma abordagem aberta ou dissimulada e a determinação da extensão dos danos a infligir. Em particular, no combate a uma força extremamente grande, o ataque direto é inútil. Em seu lugar, será necessário recorrer à perturbação. As perturbações podem ser um só acontecimento de grande impacto que abale o sistema ou pequenos choques que, cumulativamente, o minem. A inovação é um requisito essencial para criar perturbações. As perturbações podem ser "criadas". Entre os métodos para criar perturbação incluem-se os seguintes:

Criar inimizades, de forma que a nova geração odeie ou não respeite os inimigos da geração mais velha. Essas táticas preservam rivalidades antigas e impedem sucessivas gerações de criar a paz, como vimos no século XX e no início do século XXI entre Israel e a Palestina, a Irlanda do Norte e a Grã-Bretanha, o Islã e os Estados Unidos, a Índia e o Paquistão.

Criar unidades de ataque independentes, uma das quais é incentivada a agir de acordo com um padrão predeterminado. Essas unidades podem ser os "agentes secretos" da Guerra Fria ou os milhares de empreendedores que desenvolvem jogos para a Sony, cada um dos quais foi incentivado a atacar os rivais da Sony na indústria de videogames.

Criar novas tecnologias que gerem novos comportamentos, a fim de atacar a forma predominante de fazer as coisas. Entre tais tecnologias encontram-se o formato de filme em DVD, que ameaçou a existência dos cinemas; os sistemas de troca pessoal de documentos, que levaram ao consumo sem pagamento, minando a indústria musical; as imagens de brutalidade contra prisioneiros no Iraque na segunda Guerra do Iraque, obtidas por meio de máquinas fotográficas digitais dos telefones celulares e que, ao circularem na Internet, minaram o esforço dos Estados Unidos para estabelecer sua credibilidade no Iraque.

Essas rupturas podem comportar-se como vírus, atacando e minando o desempenho de seu alvo. A moderna teoria estratégica não se adaptou ainda ao fato de que, atualmente, existe uma rede que liga entidades individuais. Essas entidades em rede comportam-se como se fossem um sistema vivo. O modo de operação da maior parte da estratégia moderna continua centrado em entidades individuais. Conseqüentemente, a abordagem da estratégia é inadequada para lidar com sistemas mais complexos como a Internet, as comunidades asiáticas de negócios (como o Keiretsu) e os terroristas. Por sua própria natureza, tais estratégias requerem uma compreensão mais aprofundada da natureza do inimigo e de suas reações; da rede ou do sistema dentro do qual a perturbação agirá e dos portadores do vírus, que podem ser uma idéia ou um conceito, um ser humano ou uma tecnologia. As estratégias virais são parte essencial de tais contextos baseados num sistema de rede. Para o sucesso da criação de uma estratégia baseada em vírus são de importância crítica os seguintes princípios:

Sigilo e velocidade. Os vírus mais eficazes espalham-se rapidamente e é difícil identificar sua origem.
Gene adaptativo. O vírus inteligente adapta-se à situação e aprende a sobreviver aos ataques.
Arquiteturas múltiplas. Para desarmar um protagonista grande e forte será necessário um grande número de vírus. Cada vírus deve possuir um objetivo diferente para se obter o máximo efeito possível. Dessa forma, não haverá uma defesa comum contra os vírus.

As estratégias de perturbação (também chamadas "disruptivas") podem ser utilizadas tanto por gigantes como por pequenas forças. Contudo, a tendência do gigante é utilizar uma força avassaladora como recurso normal. Esse método, altamente eficaz, acaba por tornar-se um hábito, que por sua vez se transforma numa característica ou estado de operação que sufoca a criatividade, a sensibilidade e a consciência e conduz à vulnerabilidade ao ataque por parte de estratégias virais "disruptivas". No entanto, a forma como minamos as estratégias do adversário é também como nossas próprias estratégias podem ser minadas.

Assim, e finalmente, é importante recordar que, para obter êxito nessas estratégias "disruptivas" e evitar a retaliação que pode advir de um adversário superior, o estrategista deve manter-se como um organizador invisível nos bastidores. Geralmente, o ego dificulta a manutenção desse estado essencial.

DOMINAÇÃO

Uma Estratégia de Dominação bem-sucedida resulta num estado de continuísmo entre os rivais. "Continuísmo" é aqui definido como uma série de características que resulta numa propensão para deixar que outros liderem. O domínio sobre os rivais provém da existência sustentada de um poder desigual nas relações. O domínio de muitos por poucos é um resultado natural da interação de organismos vivos.

Inúmeras experiências demonstram que, num dado meio, o padrão de crescimento leva à substituição de um grande número de organismos em competição por um número reduzido, que, ao longo do tempo, perdem sua aptidão para sobreviver e são perturbados e substituídos por entidades novas e mais aptas. O ego leva os líderes a pensar que isso nunca lhes acontecerá. Inexplicavelmente, acreditam que continuarão a ser líderes imortais de seus impérios, nações, empresas, comunidades, famílias e vidas. Três razões-chave das estratégias de dominação são:

O complexo de superioridade. O argumento é que os dominantes dominam por serem intrinsecamente superiores ou por terem um estilo, produto ou serviço superiores. Essa superioridade é defendida como um direito que os habilita a impor suas normas aos outros. Essa atitude é semelhante à justificação moral dos estrategistas destrutivos. Usualmente, mas nem sempre, baseia-se na posse de alguma superioridade mensurável e demonstrável. Essa via ignora a natureza transitória da superioridade e a natureza instável da relação entre o superior e o inferior, que depende da manutenção de uma relação baseada em vencer e perder.

Sobrevivência do mais eficiente. Em palavras simples, o argumento é que a consolidação do poder nas mãos de um indivíduo ou de um número reduzido de indivíduos resulta em maior eficiência na utilização dos recursos disponíveis. Existe, de fato, um elo forte entre escala e eficiência, pelo menos a médio prazo. Essa via tem validade no curto prazo, mas acarreta como punição o atraso na introdução de inovações.

Progresso e bem comum. O argumento é que as grandes empresas monopolistas proporcionam as melhores chances de estabelecer padrões de qualidade. As autoridades antimonopólio dos Estados Unidos atacaram várias companhias suspeitas de poderes monopolistas, entre as quais a IBM e a Microsoft. Ambas conseguiram estabelecer padrões globais devido às suas posições substanciais na indústria. Considera-se que esses padrões proporcionam um nível comum de desempenho para todos e, por conseguinte, favorecem o bem comum. Tal via pode, efetivamente, proporcionar benefícios, porém, mais uma vez, a definição de padrões para além de sua utilidade é meramente uma via para garantir conformidade e impedir a inovação.

Inevitavelmente, a dominância conduz a um comportamento de dominador. Os dominantes perdem o sentido da proporção e acabam por acreditar em seu direito de dominar, como se este lhes fosse concedido por Deus. No século XXI, poderia instalar-se uma situação semelhante se os Estados Unidos acreditassem que tinham o direito concedido por Deus de policiar o mundo, se a Microsoft invocasse o desígnio divino para ser proprietária de todos os sistemas operacionais existentes e tomasse medidas predatórias para excluir as outras companhias, se a General Electric acreditasse que tinha o direito concedido por Deus de obter todos os contratos em que estivesse interessada, se a Big Pharma também acreditasse que tinha tal direito para controlar o acesso aos medicamentos essenciais. Todas essas instituições dominantes têm gerado um valor enorme. A questão surge quando os dominantes se tornam excessivamente dominadores. As alterações são sutis; têm a ver com o caráter. O caráter conduz ao comportamento. Contudo, o comportamento também pode corromper o caráter.

A dominação deveria ser contrabalançada pelo reconhecimento do papel dos dominados. Existe um estado de dominação quando os dominados se sentem receosos e carecem de autoconfiança, existe uma carência de inovação, prevalece a incapacidade de provocar ou de explorar uma ruptura no meio e os dominados continuam a ser fracos e não se desenvolvem. Evidentemente, essas condições podem ser criadas e sustentadas por um jogador dominante hábil. No entanto, não é obrigatório que a dominação seja exploradora em todas as suas fases. O estabelecimento da dominação requer somente que alguém possua algo desejável e partilhe um número suficiente de benefícios para criar um padrão de "continuísmo". Entre os métodos para criar dominação encontram-se os seguintes:

Posse de uma vantagem única em uma escala suficiente para criar uma distância significativa entre seu possuidor e os outros. A utilização por parte do exército romano de armas e métodos como a famosa formação de escudos em tartaruga criou uma vantagem única em escala suficiente para estabelecer significativa superioridade entre os métodos menos estruturados dos "bárbaros" e eles próprios. Outros não foram capazes de diminuir o fosso existente, e os romanos continuaram a governar um império constituído por mais de 40 nações atuais. O uso dos contratos governamentais após a Segunda Guerra Mundial por parte da IBM deu condições para ela criar as maiores máquinas de processamento de dados do mundo, permitindo-lhe estabelecer uma distância significativa entre si própria e as outras companhias. Como as outras empresas não conseguiam diminuir o fosso existente, em finais da década de 1970, a IBM era detentora de mais de 60% do valor da indústria global de computadores.[3]

Posse de uma vantagem renovável e da capacidade de renovar essa vantagem. A capacidade do Império Britânico de compreender a natureza de povos por todo o mundo e de se adaptar à sua abordagem combinando o comércio, a força e a habilidade política de instituir regras como a de "dividir para reinar" permitiu-lhe manter um império ao longo de mais de 350 anos. No seu auge, o Império Britânico ocupava mais de 20% do território mundial. Similarmente, a capacidade da Nokia de compreender como criar divertimento, empatia e lealdade utilizando uma combinação de pesquisa e desenvolvimento, algumas plataformas para os seus produtos, poder global de compra e distribuição, divulgação da marca e marketing globais, permitiu-lhe obter uma fatia do mercado de telefones celulares de aproximadamente 35% entre 2000 e 2003.[4]

Um meio estagnado de tal modo que não seja criada uma competição eficaz de ofertas. Os egípcios preservaram de forma implacável uma ordem baseada em regras religiosas, políticas e sociológicas que permitiram que o sistema faraônico vigorasse por mais de 3 mil anos por meio de, entre outros fatores, controle do ritmo de mudança e de inovação. A interpretação incontestada da fé cristã durante o milênio da Idade Média européia significou um período com um número comparativamente inferior de desenvolvimentos significativos nas artes, na filosofia, em matemática e na literatura do que os períodos da história imediatamente anteriores e posteriores. Embora a Microsoft Operating System tenha controlado cerca de 95% do mercado numa era sem qualquer rival, seu próprio sistema, após duas décadas, foi considerado mero reflexo de seu rival muito menor, a Apple.[5]

Alvos dispostos a serem dominados porque o preço da liberdade é demasiado elevado. Calcula-se que até o século XX 40 milhões de pessoas perderam a vida em guerras e 133 milhões em conseqüência de genocídios. Contudo, só no século XX, quase 40 milhões morreram em guerras e 170 milhões em conseqüência de genocídios. O catalisador que impele um grande número de pessoas a revoltar-se e a exigir a mudança pode ter sua origem na violência ou na não-violência. Os Estados Unidos obtiveram a independência dos britânicos em 1776 após uma violenta guerra, enquanto a Índia conseguiu sua liberdade em 1947 após uma guerra de protestos não-violentos. Ambos venceram, em parte, quando o preço de manter a dominação se tornou demasiado elevado.[6]

O objetivo do dominador é manter seu domínio. A dominação pode proporcionar benefícios significativos a um grande número de pessoas e permitir à população alcançar um novo estágio. Contudo, quando ultrapassa o limite de sua utilidade, a dominação conduz a um comportamento predatório, porque se torna habitual e medidas para manter a posição de poder para além de seu período "natural" têm de ser tomadas. A dominação torna-se "desnaturada" quando é mantida além do ponto em que os benefícios compensam de forma suficiente a perda da liberdade. As estratégias de dominação só podem sobreviver quando existe uma compreensão do equilíbrio e, mesmo assim, nenhuma vantagem é sustentável indefinidamente. Quando sustentada de forma "desnaturada", a dominação leva à rebelião.

Em conclusão, é necessário um objetivo mais elevado para guiar e moderar as estratégias baseadas no poder.

Objetivos

Na cultura popular, os objetivos têm relação com a realização de ambições pessoais. A batalha por um objetivo superior concentra-se, inicialmente, na criação de uma causa superior. A finalidade consiste em transformar uma causa superior em uma causa comum. As causas comuns estabelecem-se por meio do engano ou de uma verdade partilhada. O estabelecimento de uma causa comum por meio do engano é perigoso, mas pode ser bem-sucedido. Seu estabelecimento por intermédio de uma verdade partilhada tem mais chances de obter a cooperação dos outros. Essa cooperação requer inclusão: uma abordagem mais aberta, que implica confessar as próprias falhas, fazer concessões, partilhar aspirações e coisas que nos são caras. As batalhas de competição, ruptura e dominação resultam em vencedores e vencidos. Ninguém fica imune à retaliação – é, pura e simplesmente, uma questão de causa e efeito. As estratégias mais eficazes evitam desperdício de recursos.

INCLUSÃO

Uma Estratégia de Inclusão bem-sucedida implica a colaboração, de modo que os parceiros possam vencer em conjunto. Isso é possível em muitas situações e constitui o princípio fundamental em que se assentam as alianças globais ao longo da história. Três das razões-chave para as estratégias de inclusão são:

Sinergia entre ativos. O argumento é que duas organizações trabalhando em conjunto com ativos complementares podem obter melhores resultados. Foi esta a razão que levou à enorme quantidade de fusões de empresas na década de 1990. A nível operacional, a sinergia requer que os dois participantes combinem seus recursos de uma forma que resulte em um valor mais positivo do que o de qualquer um deles sozinho. Essa via proporciona uma forma de combinar e de criar superioridade. Contudo, a maior parte dos executantes dessas estratégias não consegue erradicar os recursos duplicados, nem selecionar como prevalecentes os melhores recursos nem estabelecer o melhor processo para as duas organizações trabalharem em conjunto.

Obter sucesso contra um rival maior. O argumento é que as forças combinadas possuem mais chances de derrotar um adversário maior. Essa estratégia pode ser aplicada ao ataque ou à defesa, contra um inimigo comum ou não, e para reduzir os riscos ou investir. Essa via proporciona a oportunidade de seguir uma das estratégias de poder. No entanto, é freqüentemente seguida por entidades com fraquezas comuns que combinam suas forças, em vez de entidades com forças complementares. Tais coligações de fracos podem resultar em posições ainda mais fracas para todos os colaboradores.

Finalidades comuns. O argumento é que duas entidades com finalidades comuns podem evitar competir, dividir e destruir se conseguirem trabalhar juntas. Tal estratégia proporciona ainda uma oportunidade para alcançar mais, com mais rapidez e menos recursos. Essa via requer que os participantes tenham procedido à avaliação do terreno comum e da compatibilidade de seus líderes, ativos e culturas. Na ausência de tais atributos, a partilha de finalidades não conduz a resultados superiores.

Infelizmente, um grande número de estratégias inclusivas resulta de medo, fraqueza, falta de coragem, ganância ou ideologia. As razões para a inclusão podem basear-se em uma justificação analítica, ideológica ou de um ego machista. Um grande número de justificações analíticas, baseadas numa abordagem em grande medida assentada em números, não aborda as questões reais resultantes da fusão de duas entidades com diferentes características e comportamentos. As razões baseadas no ego utilizam a análise para demonstrar os benefícios da combinação, mas essa análise disfarça uma decisão de avançar sem levar em conta os custos e, por conseguinte, ignora os riscos práticos do fracasso. As razões com base ideológica ignoram a análise, o ego e as dificuldades, agindo, antes, a partir da noção do que está certo e do que está errado.

Quanto maior for a magnitude do objetivo e a complexidade do meio, tanto maior será a necessidade de o estrategista ampliar o impacto dos recursos disponíveis. A ampliação de recursos resulta da libertação do poder do indivíduo, da entidade e de outros. A ampliação requer inclusão. Quanto mais difícil for para uma das partes lidar exclusivamente com determinada situação, tanto maior será a necessidade de inclusão. No entanto, toda inclusão implica o abandono de identidades inicialmente distintas a favor de maior ou menor fusão de identidades. Assim, a inclusão tem, essencialmente, a ver com a fusão ou combinação de dois organismos separados. Como tal, para averiguar se uma combinação é exeqüível, é necessária uma compreensão do "DNA" dos organismos. Os métodos de criação de inclusão ou de diferentes graus de inclusão são os seguintes:

Acordar regras. Combinar ou coordenar para ter o poder de determinar as regras segundo as quais os outros participam.
Alinhar finalidades. Alinhar finalidades de forma que as atividades sejam coordenadas e se obtenha um resultado acordado.
Combinar atividades ou iniciativas. Combinar atividades ou iniciativas para alcançar uma causa, provocar a ocorrência de um acontecimento específico ou atingir determinado nível de desempenho.
Fundir organizações. Fundir os organismos para obter vantagens de escala e outras, econômicas e competitivas, ou para satisfazer objetivos do ego.

Os requisitos fundamentais do estrategista são de três tipos. Em primeiro lugar, o estrategista deve reconciliar finalidades em conflito. O boom de fusões do final do século XX assentou na redução de custos, ascensão dos preços da indústria, construção de impérios globais, ganho de vantagens competitivas e, por vezes, meramente no seguimento da onda de fusões. Nesse período, várias outras iniciativas estratégicas lutaram para ser totalmente inclusivas:

- A União Européia tinha como objetivo a criação de um bloco comercial poderoso não somente para estabelecer relações comerciais mais produtivas entre os países, mas também para melhor negociar com as outras potências nacionais e blocos comerciais. Contudo, viu-se freqüentemente envolvida em lutas internas pelo poder e desacordos sobre questões tão fundamentais como o comércio, a política militar e sua própria governança.
- Organizações internacionais como as Nações Unidas e o FMI procuraram criar uma força poderosa para resolver questões inter-

nacionais, mas viam-se freqüentemente confrontadas com as políticas de comércio e de relações externas dos Estados Unidos.

- Coligações militares como a OTAN procuravam combinar a força das nações para levar a paz a regiões em conflito, mas deparavam freqüentemente com dificuldades para estabelecer um calendário e estratégias para seu envolvimento, tendo-se revelado incapazes de intervir para evitar as chacinas nos Bálcãs e em Ruanda na década de 1990.

Em segundo lugar, o estrategista deve dirigir, harmonizar e canalizar a energia das pessoas. As estratégias inclusivas fracassam devido à incapacidade das entidades envolvidas de agir como uma só e de se adaptar adequadamente a circunstâncias em mudança. Embora se espere que as organizações se comportem de certa forma após um ato de inclusão, elas continuam, com freqüência, a agir como anteriormente. Essa ação independente é prejudicial a uma situação de acordo e resulta em suspeita. Se não for controlada, conduz a uma quebra de confiança. Esses fracassos, que são da responsabilidade do estrategista, surgem devido ao fato de as energias das pessoas não serem harmonizadas e canalizadas.

Em terceiro lugar, o estrategista deve desenvolver um objetivo comum mais elevado ou superior. Embora este seja freqüentemente o primeiro passo crítico, coloquei-o em último lugar dada a dificuldade de alcançar esse objetivo. As verdadeiras estratégias inclusivas baseiam-se numa mente "pura"; pura no sentido de que não existe a intenção de enganar. A situação de engano tem sua origem na intenção não-declarada de seguir uma estratégia de competição, ruptura e dominação. Em tais casos, a estratégia de inclusão é um disfarce.

Só um Estrategista Iluminado pode seguir a inclusão, visto que nenhum outro tem uma mente pura. Uma estratégia de inclusão é um compromisso para o Mestre da Estratégia, uma finalidade para o estrategista superior e uma arma para o estrategista eficiente. A história aponta para a dificuldade de seguir uma via inclusiva. Tanto Buda como Cristo conseguiram seguir uma via inclusiva. Buda empenhou-se durante toda a vida em compreender e traduzir sua iluminação em instrução e técnicas para alcançar um estado desperto de consciência de modo que outros pudessem partilhar a graça que ele descobriu. Cristo empenhou-se durante toda a vida em revelar a via para a casa do seu Pai. Nos negócios e nos assuntos militares e internacionais, essa atitude tem-se revelado muito mais difícil.

Em conclusão, as estratégias verdadeiramente inclusivas requerem uma maturidade e um altruísmo que os líderes dificilmente alcançarão. Visto que a verdadeira inclusão requer a ausência do motivo de ganho pessoal, é mais provável que a encontremos em contextos religiosos e espirituais do que militares ou de negócios.

ASPIRAÇÃO

Uma Estratégia de Aspiração bem-sucedida visa redefinir a realidade existente. Tal estratégia reconhece que para redefinir a forma como as coisas são se torna necessário redefinir as crenças e as aspirações das pessoas. Trata-se de uma abordagem que começa com a aspiração e não com a análise, que é encarada como uma ferramenta para aperfeiçoar a estratégia. Três das razões-chave para as estratégias de aspiração são:

Eu tenho um sonho... O argumento é que existe um caminho melhor. Em 1963, Martin Luther King descreveu um caminho melhor para os americanos brancos e negros viverem juntos e despertou as aspirações do povo americano em seu famoso discurso cujas primeiras palavras foram: "Eu tenho um sonho." Essa via possui a capacidade potencial de cativar a imaginação das pessoas, tocando seus desejos e aspirações mais interiores. Nas mãos de líderes carismáticos que procurem competição, ruptura ou dominação, essa via também pode conduzir à destruição. Os discursos alegadamente carismáticos de Genghis Khan, Átila, o Huno, e de Adolf Hitler, proferidos ao longo de suas campanhas de dominação, alcançaram esse efeito. Conseqüentemente, os seguidores devem questionar o sonho e compreender suas conseqüências potenciais.

Impasse. O argumento é que a situação existente se encontra enredada num ciclo de estagnação ou de destruição que só pode ser interrompido por meio de uma abordagem com base na aspiração.

Um dos exemplos de espiral de violência é o conflito entre israelenses e palestinos no final do século XX e no início do século XXI. Os palestinos sentiam regularmente os efeitos do poderio e da eficácia do exército israelense, com sua tecnologia e seu armamento avançados. Os israelenses sentiam a capacidade terrorista e a eficácia de uma força menor e rudimentarmente equipada de homens-bomba suicidas e sabotadores palestinos, que lutavam com uma determinação igual à de seus adversários. Ambas as partes recorriam a uma estratégia de retaliação e prevenção para se matarem uns aos outros, mas, com esse processo, destruíram igualmente sua própria forma de vida. Após anos com esse ciclo de violência, ambas as partes fracassaram repetidamente na tentativa de encontrar uma aspiração comum que se traduzisse em ações que superassem o impasse.

Em 1990, recentemente libertado da prisão, o visionário líder negro Nelson Mandela apelou ao fim dos ataques de ambas as partes na África do Sul e, numa aliança improvável com F. W. de Klerk, o presidente branco, empreendeu as ações que conduziriam à ruptura da espiral de violência. Tal via requer a cumplicidade dos agressores de ambas as partes. Aqui, os princípios desempenham um papel de importância crítica; em situações em que existe uma espiral de violência entrincheirada, a negociação é inútil sem os princípios certos. Cada novo fracasso limita-se a consolidar o padrão de fracasso e perpetua a espiral de violência.

Fazer a diferença. O argumento é que para fazer a diferença é necessário ultrapassar a via aceita e criar algo novo. Esse algo terá a natureza da aspiração. Nem os especialistas nem os pesquisadores, analistas ou responsáveis financeiros encontrarão uma base racional para aprovar a idéia.

Em 1979, a introdução do walkman pela Sony não só erradicou a idéia de que os produtos japoneses eram baratos e de qualidade inferior, como catapultou a companhia para uma posição de pioneira tecnológica. Contudo, inicialmente o co-fundador da Sony, Akio Morita, teve dificuldade em convencer sua equipe a apoiar o desenvolvimento do produto. O walkman viria a tornar-se o ponto de referência da indústria.

Em 2003, a Apple Computers lançou um aparelho de música para redefinir a experiência de música portátil combinando hardware, software e conteúdo por meio de um serviço digital. Essa empresa deu provas da argúcia do seu pensamento ao mostrar aos clientes da Sony que a forma e a função devem ir ao encontro de uma fantasia. As belas formas do iPod, com sua discoteca de música barata, provocaram uma resposta emotiva nos usuários em todo o mundo e transformaram o walkman da Sony de líder em rival.

Tais vias requerem o poder de concretizar uma visão quando o consenso aponta no sentido contrário ao do visionário. O perigo é que o visionário conduza seus seguidores por um caminho inapropriado, não se encontre em sintonia com a situação ou o meio e, por conseguinte, esteja enganado. Ao chegar ao final do século XX, a busca apaixonada do comunismo por Lênin tinha dado provas de ser uma dessas vias.

Os estrategistas de aspiração tocam os desejos mais íntimos das pessoas por meio de sua capacidade intuitiva de identificar a essência do momento, do meio e da situação. Tal capacidade possui grande força. Por conseguinte, contém em si a tentação de seguir projetos pessoais perigosos. A essência das estratégias baseadas na aspiração é a seguinte:

Para além do passado. Uma abordagem de aspiração não baseia sua estratégia numa análise do passado, definindo antes um sonho que tem valor para a entidade – seus indivíduos, ativos e história – e se adequa ao meio e à situação.

Vias infinitas. As estratégias baseadas na aspiração reconhecem a enorme diversidade de vias potenciais e defendem que não existe qualquer necessidade de seguirmos todos a mesma via.

Sem conflito. Vencer sem conflito é um aspecto essencial de uma estratégia de aspiração. Trata-se de uma questão de evitar desperdícios. A crença fundamental é a de que ter como finalidade derrotar os outros é a forma errada de começar.

Objetivo mais elevado. Se visarmos o objetivo mais elevado, transcenderemos os conflitos e teremos a oportunidade de nos reconciliar. O objetivo mais elevado da aspiração é modificar as mentes e os comportamentos das pessoas e melhorar sua vida.

Entre os métodos para criar aspiração contam-se os seguintes:

Inovação. As grandes inovações têm sua origem em pioneiros que buscaram poder, fama, riqueza ou um bem transcendente e, por conseqüência, modificaram a condição humana. Alguns indivíduos com aspirações impulsionaram enormes inovações que, no século XX, incluem o avião, a invenção do plástico durável, a teoria da relatividade, a descoberta da penicilina, o transistor, o combustível de foguetes e as viagens espaciais, o computador eletrônico, o transplante de coração, os bebês de proveta, a chegada à Lua, o telefone celular e a clonagem.
Crescimento. Não se limitam a competir nem são dependentes do legado de seus ativos. As ondas de crescimento têm a capacidade potencial de criar energia em torno de uma idéia e geram enorme otimismo. Essas ondas são particularmente evidentes nas grandes "corridas ao ouro" da Antiguidade, quando centenas de milhares de pessoas acorriam a grandes cidades, como Alexandria, para construir novas civilizações e, mais tarde, à cidade florescente de São Francisco para procurar ouro nas minas, assim como, nos anos 90 do século XX, à cidade virtual da Internet para construir a nova era tecnológica.
Expansão e exploração. Procuram ir além das fronteiras de territórios conhecidos. Com freqüência, os líderes levam as pessoas a sacrificar suas vidas ao sonho de descobrir novos territórios e de obter recompensas inimagináveis. Os impérios europeus exploraram a África, a Índia, o Japão e a China com a esperança de adquirir maravilhas mágicas e riquezas incontáveis.
Mudança. São adaptativos e mantêm-se relevantes para o meio. O maior desafio consiste em adaptar-se a novas circunstâncias. Os grandes líderes não se atêm à fórmula de sucesso em voga. Alexandre adotou os costumes dos persas, dos egípcios e dos indianos durante suas campanhas.
Influência. Produzem vida e não se concentram apenas na obtenção de recompensas financeiras. Embora os grandes líderes sejam

motivados pelo desejo de intervir significativamente no mundo, muitos iniciaram sua viagem com uma busca de poder e riqueza. Líderes tão diversos como Genghis Khan e os CEOs das principais corporações americanas do século XX começaram por uma motivação de poder e riqueza, que transformaram em seguida numa motivação para deixar um legado. Devem-se a esta última a Fundação Rockefeller, o Carnegie Endowment e a Fundação Gates.

Aperfeiçoamento. Aperfeiçoam o que se encontra disponível atualmente. Embora prestemos mais atenção às grandes inovações, muitos períodos da história estão repletos de líderes cuja finalidade era consolidar, manter e aperfeiçoar os ganhos obtidos por outros.

A estratégia de aspiração tem o poder de libertar as ambições das pessoas. Os grandes estrategistas possuem consideráveis capacidades de comunicação, que utilizam para modificar as pessoas e liberar sua energia. Essa energia pode ser uma força enorme para o bem ou para o mal.

Evidentemente, as estratégias de aspiração dependem das aspirações de cada estrategista visionário. A estratégia verdadeiramente baseada na aspiração, tal como as estratégias de inclusão, requer um estado mental puro. Apenas o Estrategista Iluminado pode seguir uma estratégia desse tipo que, por conseqüência, é ameaçada por um grande número de perigos. Os que utilizam as técnicas de aspiração demonstraram sua capacidade para fazer um enorme bem, mas também um enorme mal.

Em conclusão, é necessário um princípio para guiar e moderar a estratégia de aspiração.

Princípios

Na cultura popular, princípios têm a ver com uma posição superior sobre o que é "correto". A batalha por um princípio superior não é, de modo algum, uma batalha. Implica a busca da resposta correta e a adoção da posição correta, mas sem um sentido arrogante de retidão. A história revela-nos o poder de tais estratégias. Os indivíduos que mais eficientemente reclamam uma posição de superioridade moral conseguem congregar seu povo, desumanizar o alvo e tomar o que pretendem.

A capacidade de adotar uma posição de correção mais elevada requer que se possua uma posição de correção reconhecida (que naturalmente atrai seguidores) ou que se possua o direito (e esse direito seja imposto por meio da força). O uso da força requer uma admissão explícita de ambição ou um conflito de ideologias. Essas estratégias de força combinam direito e poder e conduzem à execução de uma estratégia de destruição.

ESTRATÉGIAS DE DESTRUIÇÃO

Três razões-chave para as estratégias de destruição são:

Vingança e advertência. O argumento é que se o inimigo não compreender claramente as conseqüências que advirão de nos atacar, ficaremos em uma posição vulnerável. Em seu conflito de finais do século XX com os palestinos, os israelenses foram claros quanto à escala e extensão de sua ira, concretizada por meio da violência. Essa via requer uma advertência clara da intenção de se defender e vingar, seguida da prática de uma política de olho por olho, dente por dente. Essa via pode conduzir a um longo ciclo de ataque e contra-ataque, a menos que o inimigo seja aniquilado ou a espiral de violência se interrompa, recorrendo a meios de pacificação.

Cruzada moral. O argumento é que nosso estilo de vida tem algo de valor superior, se não mesmo de sagrado, que deve ser preservado. Com a ascensão da ideologia, surgem cruzados morais que adotam uma via que conduz à prática milenar da destruição. Do século XI ao século XIII, os cruzados cristãos conduziram guerras santas contra aqueles a quem chamavam "infiéis". Hoje em dia, o perigo dessas estratégias pode ser maior para ambas as partes, devido ao fato de ambos os grupos em conflito possuírem armas de destruição eficazes, ao acesso fácil de cada grupo ao território inimigo e à capacidade das duas partes de propagar sua superioridade moral.

Preempção e perseguição. O argumento é que o inimigo deveria ser aniquilado já na infância a fim de prevenir a maior destruição que resultará quando ele crescer e se tornar mais forte. Tais estratégias exploram o receio de que o inimigo se torne de fato demasiado forte ou a cobiça de algo que ele possui. A fim de obter apoio popular para a aniquilação do inimigo, este é freqüentemente desumanizado por meio do emprego de termos como "câncer" ou "praga". Essa via conduz a um sistema em que os inimigos potenciais são identificados, julgados e executados. Hitler empreendeu uma campanha eficaz contra os judeus e convenceu um número suficiente de colegas, clientes e vizinhos da comunidade judaica na Alemanha a iniciar sua eliminação.

A base para as estratégias de destruição preventiva pode resultar de um cálculo exato do potencial do inimigo para se transformar em ameaça negativa em grande escala. Tanto Átila quanto Genghis Khan e Hitler constituíam uma ameaça potencial significativa na fase inicial de sua carreira. As estratégias preventivas envolveriam uma ação decisiva contra tais líderes quando eles ainda se encontrassem longe de concretizar seu potencial de destruição. As implicações dessa opção são abrangentes e perigosas. O problema de tais estratégias resulta dos seguintes fatores:

- A pressuposição de que a destruição é a resposta.
- A crença de que o inimigo pode ser aniquilado.
- A crença na própria propaganda, de que se trata de uma cruzada moral num sentido moral incontroverso.
- A crença de que, uma vez derrotado, o inimigo se converterá a nossos princípios por causa da nossa superioridade inata.
- A não consideração das conseqüências.
- A convicção de que uma filosofia de identificação de inimigos em sua fase inicial pode limitar-se a uma definição predeterminada de quem é inimigo.

Muitas das justificativas das cruzadas morais são, sem dúvida, extremamente questionáveis. Uma das noções falsas de tais estratégias nos tempos modernos é a crença de que a guerra se limitará a um combate entre exércitos profissionais. As potenciais baixas de civis são esquecidas ou menosprezadas pelos políticos atuais na defesa da guerra. Os predecessores dos generais e políticos modernos sabiam que não era o caso e estavam dispostos a pagar o preço. De fato, Genghis Khan adotou o ponto de vista oposto sobre as baixas de civis. Partiu do princípio de que poderia atemorizar o inimigo e abalar sua decisão de combater. Quer o inimigo lutasse ou fugisse, ele estava disposto a aniquilar seus exércitos e populações urbanas e rurais. No mundo de nossos dias, em que impera a comunicação global, as conseqüências de erros de julgamento e da brutalidade não podem ser ocultadas. Os meios de comunicação revelarão os pormenores das mortes infligidas, os abusos de que são vítimas os vencidos e as fraquezas e excessos dos soldados na seqüência da vitória. A guerra patenteia a inumanidade do homem contra o homem e revela-a ao mundo por intermédio dos meios de comunicação globais.

A diferença entre os exemplos históricos de estratégias de destruição e as estratégias de nossos dias reside nas implicações dos fenômenos do tipo discutido no primeiro capítulo desta obra, nomeadamente:

Sigilo desprezível. De fato, exposição da intenção e dos fracassos. Os meios de comunicação e seus canais de distribuição, particularmente a Internet, denunciarão com todos os pormenores a natureza da brutalidade, quer planejada quer espontânea.
Proteção física desprezível. O adversário poderá retaliar eficazmente, mesmo que seja derrotado, devido à facilidade de acesso direto ou indireto ao seu oponente.
Proteção desprezível de ativos. Os sistemas globais, como os mercados de capitais, pagamentos e comunicações, serão vulneráveis precisamente devido à sua natureza global. Esses sistemas, mesmo quando minados por períodos curtos de tempo, modificarão ou minarão os alicerces da sociedade ocidental.

Hoje em dia, o agressor que reclama uma posição moral superior e a executa por meio de uma estratégia de destruição não pode escapar ao julgamento do resto do mundo. Como já mencionado, uma estratégia de destruição requer que o destruidor abandone qualquer esperança de obter a adesão e o apoio da opinião mundial. Trata-se de uma via que é e continuará a tornar-se cada vez mais difícil de justificar num mundo de franca distribuição de informações e livre acesso a notícias.

Os que não são destruidores nem estrategistas eficazes ficarão "encravados no meio" de um problema que eles próprios criaram. Os agressores terão de escolher entre estratégias baseadas numa destruição implacável e as que assentem na conquista das mentes das pessoas.

ESTRATÉGIAS PARA OBJETIVOS MAIS ELEVADOS

As estratégias para um objetivo mais elevado são as mais apropriadas para transformar um ciclo de violência num ciclo de paz, um ciclo de pobreza e estagnação num ciclo de prosperidade e um ciclo de escravização num ciclo de liberdade. Cada uma dessas situações implica quebrar um padrão de longa data. Uma precondição de importância crítica para quebrar esses padrões é a "confissão". A não ser que ambas as partes estejam dispostas a confessar seus erros, não existe possibilidade de perdoar, e quaisquer acordos alcançados apenas poderão assentar em expedientes.

Pode construir-se um objetivo mais elevado criando uma aspiração comum mais elevada. Entre os métodos para criar aspirações contam-se os seguintes:

Transcender os organismos em conflito e identificar uma posição comum mais elevada. Em 1986, em Reykjavik, capital da Islândia, os presidentes Gorbachev, da Rússia, e Reagan, dos Estados Unidos, conseguiram pôr de lado uma das maiores batalhas ideológicas da história, que tinha sido acompanhada pela maior acumulação de alianças globais e armas de destruição em massa jamais vista, a fim de forjar uma nova via para o mundo.

Determinar como conquistar integralmente e assim minimizar o desperdício e a destruição. Historicamente, as superpotências conquistaram as cidades sem as destruírem e construíram alianças para evitar o massacre das massas. Nas várias eras de supremacia com base militar da história, muitas grandes potências convenceram seus inimigos a deixá-las conquistar suas terras sem oferecer resistência. Na era da supremacia com base econômica, os Estados Unidos controlavam 40% da riqueza mundial, medida por meio do Produto Interno Bruto, sem grande resistência.

Ver um evento como pertencendo a um fluxo de eventos e assim reagir dentro do contexto do fluxo, não somente do evento. Entre os grandes líderes que se defrontaram com a escolha de subir a aposta em sua batalha, mas que viram que o fluxo mais forte da história exigia uma abordagem mais pacífica, contam-se Mahatma Gandhi, Martin Luther King e Nelson Mandela. Todos eles poderiam ter liderado uma luta armada para alcançar seus fins, mas decidiram enveredar por uma outra via.

Quando o Mestre da Estratégia aborda um agressor, percebe que a agressão não é um conflito entre ele próprio e seu autoproclamado rival. Esse reconhecimento baseia-se na noção de que a única agressão possível existe dentro de si próprio e dentro do agressor. O desafio torna-se, então, um desafio de autocontrole. Se a batalha para obter autocontrole é ganha, não existem conflitos emocionais. O distanciamento possibilita a execução de estratégias de forma desapaixonada.

A EXECUÇÃO DA ESTRATÉGIA

A estratégia e a ação são a base para obter resultados. Como tal, são altamente práticas. O pensamento estratégico moderno privilegia o conceito em detrimento da ação. A ação foi relegada para um campo que os estrategistas consideram mais mundano: o campo de operações. A reconciliação do campo atraente da estratégia e do campo aparentemente mundano de operações tem-se debatido com dificuldades devido ao conflito da natureza e treino dos "especialistas" de cada campo. Os atuais especialistas em estratégia (na maior parte dos casos com formação acadêmica em economia, política e estudos comportamentais) têm sido, em grande medida, incapazes de reconciliar sua formação de base e cultura com a dos especialistas operacionais (cuja formação de base é a matemática). O problema resultante desse fosso foi abordado por meio de uma série de "estratégias de execução", desenvolvidas em finais do século XX e no início do século XXI, e entre as quais se encontram:

Para os indivíduos, ênfase no auto-aperfeiçoamento (numerosos programas para incrementar a criatividade e o talento), saúde e aptidão física (numerosas dietas e programas de exercícios físicos), equilíbrio (ioga, tai chi) e sobrevivência (o kung fu chinês sem a "via", o aikido japonês sem o "*do*" e várias misturas de artes marciais antigas sem a "harmonia" ou filosofia).
Para os negócios, ênfase nos acionistas (análise do valor dos acionistas), atividades (custeio baseado em atividades), processos organizacionais (reengenharia de processos de negócio), cadeias de valor e logística (gestão da cadeia de valor e da cadeia de fornecimento) e clientes (gestão de relacionamento com o cliente).
Para os assuntos nacionais, ênfase nos impostos como um instrumento de incentivo (política de impostos diretos e indiretos), fluxo de dinheiro (gestão da oferta de moeda), divisas (câmbio fixo e cesta de divisas) e capital (eficiência e incentivos para a participação dos mercados de capitais por meio da regulamentação e da desregulamentação).
Para os assuntos internacionais, ênfase nas áreas de pobreza (incentivos especiais às zonas em desenvolvimento), concentração de talento e investimento (criação de centros de saber e Vales do Silício), portos e transbordo de mercadorias (portos francos), cooperação nas trocas comerciais (zonas de comércio livre ou aberto) e regiões (unidade econômica regional).
Para a guerra, uma concentração na guerra da superpotência (preparação para uma guerra nuclear limitada), posicionamento no campo de batalha (guerra de redes), antecipação ao inimigo (antecipação baseada em informações de inteligência) e ataque prematuro ou por antecipação (preempção).

Estes e muitos outros métodos podem fornecer valor, ou têm potencial para isso, por meio da tradução na prática de estratégias e políticas. Contudo, alguns dos métodos não correspondem às expectativas na criação de uma visão global, na tomada de posições baseada nessa visão e no exercício de influência para criar resultados específicos.

Na dimensão pessoal, poucas pessoas desenvolvem um ponto de vista sobre o que poderiam fazer para libertar seu potencial, poucas tomam as "posições" que farão diferença e poucas seguem as vias que criam autoconhecimento e mestria. É mais fácil deixar que a vida nos conduza do que conduzi-la.

Na dimensão corporativa, poucos CEOs desenvolvem um ponto de vista sobre o que tornará suas instituições verdadeiramente distintas, poucos tomam posições originais que farão alguma diferença e poucos fazem o suficiente para influenciar o resultado. É mais fácil deixar que o ambiente de negócios, os mercados ou os reguladores nos conduzam do que conduzi-los.

Na dimensão da política nacional, poucos presidentes e primeiros-ministros possuem uma visão clara do potencial de seus países, poucos tomam posições que libertem o potencial de seu povo ou criem mudanças positivas e poucos influenciam seus países suficientemente de modo a provocar uma diferença significativa na prosperidade e desenvolvimento de seu povo. É mais fácil passar o tempo lidando com as políticas da governança do que liderando.

Na questão da guerra e dos assuntos internacionais, poucos líderes desenvolvem um ponto de vista sobre a relação ideal entre eles próprios e os seus inimigos, poucos tomam posições que conduzam à melhoria das relações internacionais e poucos influenciam o curso que conduzirá à ampliação da paz, prosperidade e liberdade. É mais fácil defender a própria ideologia e bem-estar e evitar o conflito ou desencadear uma guerra.

Os líderes fracassam quando não desenvolvem um ponto de vista informado, não tomam posições apropriadas e não exercem influência. Os líderes investem os recursos à sua disposição para criar resultados. Entre os recursos estão os recursos físicos das pessoas, a tecnologia, a terra e o capital, e também os recursos menos tangíveis: idéias, propriedade intelectual e relações. Conseqüentemente, uma das formas de encarar um líder é como um investidor em estratégias e ações que conduzirão à realização do resultado para o qual recebeu o mandato dos cidadãos.

Assim, como sabermos:

- Quem será bem-sucedido?
- Quais as empresas que se beneficiarão com a mudança?

- Quais os governos que melhor cumprirão as promessas feitas ao seu eleitorado?
- Quais as instituições internacionais que proporcionarão a mudança?
- Se uma superpotência continuará a ser superpotente.

Em qualquer situação específica, para responder a essas questões, necessitamos atentar para quem desenvolveu um ponto de vista superior, tomou posições apropriadas e possui a capacidade de influenciar o resultado. Só então poderemos considerar os tipos de posições que necessitamos tomar e a influência que desejamos exercer.

Ponto de vista

O ponto de vista (ou visão) é reconhecido como um ingrediente crítico da estratégia. Os dados e a informação devem ser transformados num ponto de vista, cuja qualidade é fator determinante no êxito de nossas ações. Por exemplo, em 2003, estaria o governo americano realmente convencido, antes de lançar sua campanha, de que o Iraque possuía armas de destruição em massa? Se realmente estava, e se esse era um fator crítico na decisão de agir, quão bom era seu ponto de vista?

O pré-requisito para a ação é a capacidade de tomar um ponto de vista informado. A qualidade dessa visão é medida pela sua exatidão e diferenciação, ou seja, sua elevação, profundidade e amplitude relativamente a outras. A visão deve alterar-se à medida que a situação se modifica. Deve ter vida para manter sua relevância.

O inimigo da visão é o "fechamento" – resultando numa carência de relevância da visão. O fechamento provém do medo. O medo conduz à ideologia. Quando os indivíduos se fecham, suas idéias tornam-se intolerantes e, por conseguinte, dispõem-se freqüentemente a lutar pela sua ideologia ou conhecimentos. O fechamento opera em muitos níveis:

- Quando os indivíduos se fecham, estagnam e perdem a capacidade de crescer e de se adaptar.
- Quando as corporações se fecham a idéias, adotam fórmulas em sua abordagem, tornando-se previsíveis e, por conseguinte, vulneráveis.

- Quando os governos se fecham, tornam-se insensíveis tanto às necessidades de seu povo como às de seus vizinhos e, assim, sua relevância começa a entrar em declínio.
- Quando as superpotências se fecham, deixam de compreender tanto as necessidades de seus aliados como as de seus inimigos e ficam dominadas pela ideologia.

Se a situação se prolongar, instala-se um ambiente de ilusão e as pessoas começam a acreditar em sua própria propaganda. A ideologia conduz a complexos de superioridade ou inferioridade. Em última instância, esse estado de coisas terá como resultado a agressão.

Por si só, o ponto de vista não acrescenta valor. Ele necessita ser transformado por meio da tomada de posições.

Posição

A posição tem relação com a posse de parte da situação. Essa posse requer um interesse concreto pelo resultado da visão. A posição pode assumir várias formas. Pode, por exemplo, ser pessoal, como a atitude de uma pessoa apaixonada ou o ódio por uma idéia; empresarial, como a atitude de uma empresa quanto à sua posição sobre os produtos, mercados ou geografia; governamental, como a atitude de um governo quanto à sua política fiscal ou sua visão de quem são seus inimigos e quem são seus aliados. Os líderes bem-sucedidos tomam posições com características semelhantes à de organismos que sobrevivem. Sua posição está viva e se adequa à situação.

O inimigo da posição é uma posição fixa – uma carência de capacidade adaptativa:

- Quando os indivíduos se recusam a adaptar-se à situação com que se defrontam, tornam-se física e mentalmente inaptos.
- Quando as corporações se recusam a adaptar-se ao seu ambiente, perdem sua posição – seus clientes, lucro e valor.
- Quando os governos se recusam a adaptar-se ao mundo em mudança, perdem seu mandato para governar ou recorrem à opressão.

- Quando as superpotências não se adaptam aos desafios do mundo, tornam-se vítimas dos que as desafiam e/ou tornam-se agressoras.

Quando essa posição se prolonga, instala-se a via para a irrelevância, que pode ser longa, mas que, em última instância, conduz à morte. O tempo que leva até atingir a morte depende da extensão das mudanças no meio. Os que possuem poder raramente morrem sem lutar por sua preservação. Em último caso, o resultado é uma luta defensiva-agressiva.

Por si sós, o ponto de vista e a posição não acrescentam valor suficiente. A posição necessita ser transformada por meio da influência.

Influência

A influência tem a ver com intervenção, que pode assumir muitas formas, entre as quais a pessoal, a econômica, a social e a política. O estrategista superior não é passivo, antes influencia a situação e o próprio ambiente. Essa influência baseia-se no ponto de vista e na posição, que devem ser adequados para serem relevantes. O estrategista é, efetivamente, um investidor ativo na mudança.

A influência pode ir do sutil ao grosseiro, do intangível ao vigoroso, do indireto ao direto, do construtivo ao destrutivo, do contínuo ao intermitente. A maior parte das pessoas possui um padrão habitual para seu comportamento sujeito a influências. Esses hábitos permitem que os outros os manipulem. O Mestre da Estratégia exerce influência com base na situação e em seu objetivo.

As influências fortes requerem controle sobre as próprias ações, bem como o controle sobre as ações da outra parte. Mahatma Gandhi proporcionou-nos um exemplo da utilização do controle de uma situação passo a passo. Evitou ações que conduzissem a conflitos descontrolados. Isso acontece quando cada ação hostil provoca imediatamente uma resposta mais hostil. O modo de envolvimento de Gandhi consistia numa série de passos claramente distintos, implicando uma combinação de negociações prolongadas e de ação direta.[7] O objetivo em tais situações consiste em assegurar o controle sobre os atores e, conseqüentemente, o controle sobre a escalada do processo. Obtém-se esse resultado por meio do envolvimento e da retirada do confronto.

Num exemplo que parece situar-se no extremo oposto, na guerra entre Alexandre e o rei persa Dario III, Alexandre conseguiu envolver e retirar suas tropas de uma forma que lhe permitiu igualmente controlar a situação.

A tentação consiste em acreditar que se influencia o resultado assumindo uma posição. Isso pode ocorrer quando o peso de nossa influência nos mercados nos quais a influência está em jogo é considerável. Esses mercados são palcos políticos, como, por exemplo, Parlamentos, campos de batalha, os televisores nas casas das pessoas de todo o mundo, os lançamentos públicos de ações e os muitos outros fóruns em que podem ocorrer trocas de valor. Em mercados de grandes dimensões, a maioria tomará posições que são pequenas relativamente ao volume das tomadas por outros atores e, assim, sua influência será reduzida.

Em geral, a incapacidade de influenciar os resultados deriva da incapacidade de se envolver.

- Quando os indivíduos não conseguem influenciar a si próprios nem às suas famílias, comunidades e inimigos, tornam-se vítimas das circunstâncias.
- Quando as empresas não conseguem influenciar seus clientes, competidores, sócios e reguladores, tornam-se agentes de segundo e terceiro plano em seus setores.
- Quando os governos não conseguem influenciar seus cidadãos e parceiros comerciais, tornam-se incapazes de manter o estilo de vida de sua nação.
- Quando as superpotências não conseguem influenciar seus aliados e inimigos, avançam para a guerra. Se essa situação é prolongada, os atores deixam de ser participantes positivos. Tornam-se ditadores, vítimas ou participantes irrelevantes.

A força do círculo do ponto de vista, posição e influência determina a força da estratégia.

PARA ALÉM DAS ESTRATÉGIAS DE EXECUÇÃO DE AÇÕES: CRIANDO UM SISTEMA ADAPTATIVO INTELIGENTE

Alavancas da estratégia

Em teoria, tal como as máquinas possuem alavancas que permitem controlá-las, também as situações dispõem de alavancas que possibilitam que as "controlemos". Dada a complexidade de situações, nenhum conjunto de alavancas pode ser considerado completo. Freqüentemente, uma estratégia de fraca qualidade é o resultado da ilusão de que encontramos o conjunto de alavancas definitivo. A focalização excessiva e a focalização excessivamente longa num grupo limitado de alavancas resultam numa fraca adaptação à mudança.

Num ambiente em mudança, o que não se altera torna-se irrelevante e, ao fim de algum tempo, morre. Esta é a lei da natureza que constatamos à nossa volta e se manifesta na história da humanidade. Essa lei é simultaneamente aplicável a entidades e a indivíduos, organizações, investidores, governos, plantas e animais. Cada uma dessas entidades possui alguns elementos críticos que podem torná-la relevante ou não. Quando pretendemos assegurar-nos de nossa aptidão, é necessário levar em conta tanto a dimensão interna como a externa.

Existem seis elementos-chave internos para cada entidade: seus líderes; sua população; seus ativos físicos; o capital; a informação e os ativos intelectuais e seu sistema de crenças, código, cultura ou maneira de fazer as coisas. Todos esses elementos constituem um dos lados da equação.

A outra dimensão é a externa. Existem sete elementos-chave externos: o terreno físico; o terreno da informação; os terrenos políticos, regulatórios e legais; os terrenos militares e de segurança; o terreno cultural resultante da interligação de subculturas que definem um padrão de relações humanas; o terreno dos sistemas financeiros resultante da combinação de crédito, pagamentos e mercados de capitais; e outras entidades distintas com seus elementos constituintes, que, inicialmente, parecem encontrar-se fora do âmbito de nossas considerações e que podem ser outras pessoas, comunidades, mercados, países e planetas.

Cada um dos elementos possui seus próprios subelementos constituintes que definem seu caráter e são as alavancas que os estrategistas devem manipular para atingir seus objetivos. Aqui reside uma das fraquezas fundamentais do pensamento estratégico contemporâneo: a crença de que o papel do estrategista consiste em acionar as alavancas internas em um contexto predeterminado. O Mestre da Estratégia sabe que é seu papel acionar as alavancas internas e externas para criar as mudanças requeridas.

Roteiros estratégicos e adaptação: posicionamento e reposicionamento

Para examinar as formas como os países podem posicionar-se e reposicionar-se talvez seja preferível pedirmos a Hollywood os roteiros de filmes futuros em vez de nos dirigirmos aos departamentos de estratégia da maior parte das corporações e Ministérios governamentais. Hollywood cria consistentemente perspectivas futuras sedutoras e com grande carga emocional, assentadas na realidade contemporânea. Sem esse tipo de perspectiva é muito difícil iniciar o processo de criação de estratégias adaptativas. Quantos departamentos de estratégia verdadeiramente sonharam, analisaram e se atreveram a aplicar nos nossos dias a questão: "E se...?"

- A Sony fosse aconselhada por Charles Darwin sobre como melhorar sua capacidade de pesquisa e desenvolvimento de germes criativos que infectassem a comunidade de negócios e se transformassem em entidades vitoriosas?
- A indústria farmacêutica fosse aconselhada pelos líderes do Império Britânico, entre os quais a rainha Vitória e Sir Robert Clive, sobre como maximizar sua utilização da diversidade do mundo?
- O governo chinês fosse aconselhado por Sun Tzu sobre como vencer sem lutar?
- O governo americano fosse aconselhado por Genghis Khan sobre como atingir seus objetivos no Oriente Médio?
- Os inimigos dos Estados Unidos fossem aconselhados por Átila, o Huno, sobre como assediar e destruir a vontade de lutar do povo americano em sua pátria?

O papel da estratégia consiste em criar mudança, que deve ser adequada ao resultado desejado em determinado contexto. Para que o êxito perdure, a capacidade de mudança deve ser, ao mesmo tempo, preventiva e reativa. A mudança deve poder ser simultaneamente evolucionária e revolucionária. Não deve ser nem rápida nem lenta – deve ser apropriada.

O Mestre da Estratégia "programa" a organização e o meio para criar essa mudança a fim de obter um resultado. Embora a mudança ocorra de forma fluida, para a compreender necessitamos usar um modelo simples a que chamarei de Posicionamento-Reposicionamento. Esse modelo implica alterar a forma da organização de um estado atual para um estado futuro, por meio de uma série de posições intermediárias. Resulta igualmente na transformação do meio, a dimensão externa descrita acima, de um estado atual para um estado futuro, por meio de uma série de posições intermediárias. Para ver a totalidade dessa mudança, é necessária uma compreensão clara do estado atual, uma visão do estado futuro e a capacidade de recuar do futuro para determinar as posições intermediárias na viagem.

A premissa é que qualquer futuro pode ser criado. Os passos no processo de planificação para "posicionar e reposicionar" a organização requerem as seguintes considerações:

1. No momento inicial, o futuro deve ser descrito de forma imaginativa e clara para parecer tangível aos que têm de tentar alcançá-lo, um grupo que pode ser constituído apenas pelos líderes ou incluir toda a entidade.
2. Em seguida, o estado existente deve ser analisado e compreendido para podermos dispor de uma base para avaliar a distância a que nos encontramos do futuro que desejamos.
3. Os desencadeadores da mudança – mudanças na regulamentação, abertura de novos mercados, novos desenvolvimentos tecnológicos e outros – devem, então, ser examinados e compreendidos, porque são os instrumentos que nos auxiliam a acelerar a mudança.
4. A via para o futuro poderá, então, ser escrita a partir do que foi mencionado acima, como se estivéssemos recuando numa história que já aconteceu, preparando o roteiro para a nossa história.

5. Os resultados potenciais de nosso esforço podem, então, ser registrados como se já tivessem acontecido e a organização se comprometido a alcançá-los.
6. Os marcos podem, então, ser definidos e a grande tarefa desdobrada em passos, de forma a tornar-se claro como se medirá a transição do estado existente para o futuro.
7. Os ativos necessários para obter êxito podem, então, ser identificados e o plano para os adquirir claramente articulado.

Um processo de formulação de estratégia como esse é altamente criativo e deve contar com o apoio técnico e operacional. Não é muito diferente do processo de produção de um sucesso de bilheteira. Infelizmente, parte substancial das estratégias dos nossos dias segue uma via que só pode resultar num filme de segunda categoria.

Estratégia de sobrevivência: Criando instituições que sobrevivam e prosperem

A percepção de importância crítica que nos interessa é o fato de – dado o enorme número de entidades, alavancas e potenciais partes móveis a qualquer momento – não ser possível criar continuamente estratégias de resposta. Nosso objetivo deveria ser criar um sistema de resposta bem-sucedido. Por conseqüência, o papel do estrategista consiste em especificar o sistema, planejá-lo, supervisionar sua criação, implementá-lo, monitorá-lo, refiná-lo e proceder à sua destruição e reconstrução. Por conseguinte, o Mestre da Estratégia é mestre no relacionamento com as pessoas e é também um engenheiro de sistemas organizacionais e ambientais. O Mestre da Estratégia é o criador de um sistema adaptativo inteligente.

Examinaremos a idéia de um sistema adaptativo inteligente a partir de três perspectivas. Cada uma proporcionará os requisitos críticos que o Mestre da Estratégia incorpora no sistema. As perspectivas estão inter-relacionadas e se sobrepõem parcialmente, providenciando as capacidades e os atributos a serem consolidados para criar uma entidade adaptativa estratégica. As perspectivas e os requisitos críticos são:

1. ***Criar a capacidade de aprendizagem e adaptação***, organizando a entidade de modo a operar como um sistema eficiente que aprende e se adapta.
2. ***Criar a capacidade de auto-organização***, construindo a entidade de modo a auto-organizar-se e não a requerer calibragens contínuas.
3. ***Criar a capacidade de sobrevivência e prosperidade***, formando uma entidade que tem a capacidade de sobreviver e prosperar.

Esses requisitos são interdependentes. De fato, são, até certo ponto, subgrupos uns dos outros.

Vários organismos aprenderam, adaptaram-se, auto-organizaram-se, sobreviveram e prosperaram. Charles Darwin desenvolveu a primeira teoria científica coerente para explicar esse sucesso, que descreveu como a Teoria da Evolução. Por meio dela, foram apresentados novos conceitos sobre os quais assentar nossa compreensão de organismos bem-sucedidos, entre os quais se encontram os conceitos de "luta pela existência", "variação", "sobrevivência do mais apto", "seleção natural", "transmissão de características adquiridas" e "reservatório de genes".

Nesse contexto, exploraremos as características de organismos que prosperam como base para o desenvolvimento de estratégias para indivíduos, comunidades, empresas, nações e entidades transnacionais. No final do século XX, uma série de "organismos" tinha vencido:

- ***Entre as nações***, os Estados Unidos apareciam como *a* grande nação. Investiam 7% do seu PIB na educação e 4.631 dólares *per capita* na saúde, as taxas mais altas do mundo. Tinham o maior número de pessoas – 166 milhões – com acesso à Internet. Contavam também com o exército mais poderoso, obtinham a maior parte dos prêmios Nobel, as maiores empresas do mundo eram suas e, com 275 bilionários, possuíam o maior número de pessoas mais ricas. Em pesquisas ao longo da década de 1990, mais de 70% dos americanos – a percentagem mais elevada do mundo – afirmavam-se muito orgulhosos por serem americanos, tal como, no auge do seu império, os cidadãos de Roma consideravam que ser cidadão romano era o maior dos privilégios.[8]

- ***Entre as empresas***, a corporação General Electric surgia como uma das maiores do mundo. Jack Welch reestruturou o portfólio da GE na década de 1980, obrigando-a a optar pela colocação de seus negócios entre os dois primeiros lugares em seus respectivos setores ou abandoná-los. Welch instituiu uma série de mudanças que produziriam um dos grupos econômicos mais agressivamente competitivos do século. Seis dos principais programas que definiram o DNA da organização foram as iniciativas "Workout", para eliminar trabalho desnecessário da organização; "Boundaryless Company", para eliminar barreiras entre funções; "Globalisation", cujo objetivo era desenvolver negócios internacionais; "Services Business Development", com o fim de adicionar serviços tecnológicos intensivos aos negócios da indústria pesada; "Six Sigma Quality", para introduzir no negócio uma qualidade de tipo "zero defeitos"; e os "Stretch Objectives", com o fim de impor metas extraordinariamente ambiciosas aos gestores, o que, por sua vez, impulsionou as aquisições em série. Em 2000, a GE registrou um rendimento de 129,85 bilhões de dólares e um lucro de 12,74 bilhões de dólares, tendo o preço das suas ações subido aproximadamente 25% ao ano. Em 2004, a GE possuía 11 empresas, com mais de 300 mil empregados, em 160 países, e avaliada numa capitalização de mercado de 388 bilhões de dólares era a maior empresa do mundo.[9]
- ***Entre as comunidades de consumidores***, Tóquio surgia como a mais dinâmica. Na década de 1980, a economia do Japão era invejada pelo mundo. Sua economia crescia ao dobro da taxa da economia dos Estados Unidos. No início da década de 1990, as ações japonesas eram negociadas, em média, por um preço 200 vezes superior a seu rendimento e a habitação japonesa média custava quase 40 vezes o rendimento médio anual de uma família japonesa. Na década seguinte, assistiu-se à queda da média das ações no mercado japonês de valores, o índice Nikkei, de um nível de quase 40 mil em 1990, para um inferior a 13.785 no final de 2000. No entanto, a sociedade de consumo mais robusta

do mundo continuava a ser a japonesa, e Tóquio, seu centro. Tóquio contava com a maior área metropolitana do mundo, com uma população de 30 milhões de habitantes. A segunda maior cidade, Nova York, tinha 18 milhões de habitantes. O salário médio por hora era de 21,01 dólares no Japão, comparado aos 12,37 dólares nos Estados Unidos. O consumidor de Tóquio era um dos mais exigentes do mundo. Os líderes mundiais no setor da eletrônica de consumo – a Sony, a Panasonic e a Canon – controlavam tecnologias avançadas em semicondutores, miniaturização e design de produtos, testando no mercado interno os produtos mais sofisticados do mundo antes de (por vezes) os exportar para o resto do planeta. Entre os fatores que reforçavam a criação de consumidores e fornecedores de qualidade superior contavam-se a promoção e proteção governamentais da indústria eletrônica e um investimento considerável na implementação da banda larga (todas as escolas japonesas estavam ligadas à Internet e existia um computador para cada 10 alunos). Conseqüentemente, um cliente japonês exige uma tecnologia mais sofisticada do que os outros. Aproximadamente 90% dos telefones celulares tinham máquinas fotográficas, comparado com cerca de 20% no resto do mundo, e cerca de 80% dos computadores pessoais incluíam sintonizadores de televisão. O Japão é o maior exportador mundial de eletrônica de consumo, mas a maior parte dos seus produtos mais inovadores e excitantes é vendida apenas no mercado interno. Uma das conseqüências (ou será antes uma causa?) é que os consumidores japoneses possuem uma consciência clara de seu estilo e *status* e estão dispostos a pagar mais para se manterem atualizados e a substituir seus aparelhos eletrônicos básicos mais freqüentemente do que os consumidores de outras partes do mundo.[10]

- ***Entre as instituições de investimento***, a Berkshire Hathaway (BKH), de Warren Buffet, surgia como *a* grande investidora. Em num momento em que os corretores faziam subir os preços das ações, os consultores concebiam estruturas financeiras complexas para as empresas e os boatos e o ímpeto do momento controlavam o preço das ações, a Berkshire Hathaway adotou uma abordagem "fundamental" de avaliação de uma empresa, procurando as que tinham baixas despesas gerais, forte participação no mercado, elevado potencial de crescimento da renda e ações de preço baixo. Ao longo de 38 anos, até 2003, o valor patrimonial por ação da BKH cresceu a uma taxa composta de 22%, subindo de 19 dólares para mais de 41 mil dólares. Warren Buffet consolidou uma empresa com uma capitalização de mercado de 134 bilhões. Em 2000, Buffet era o 14º homem mais rico do mundo, e em 2004 passava a ser o segundo mais rico, com uma fortuna líquida avaliada em 42,9 bilhões de dólares.[11]

- ***Entre os seres vivos***, o homem era ainda, evidentemente, o líder. Para muitos cientistas, o sucesso de uma espécie mede-se pelo tamanho de sua população. Nesse caso, a espécie de maior sucesso conhecida é um tipo de bactéria chamada SAR11, que tem uma população calculada em 240 vezes 1 bilhão de bilhão de bilhão de células flutuando nos oceanos, comparada com cerca de 6 bilhões de seres humanos. Contudo, o controle do planeta pelo homem poderia ser tomado como uma medida de liderança. Somente no século XX, entre as inovações da humanidade estão o automóvel, as auto-estradas, a televisão, o avião, as naves espaciais, a eletrônica, a Internet, a água canalizada, o petróleo e a tecnologia nuclear. Contudo, o futuro da humanidade pode estar ligado à utilização sustentável dos recursos do planeta e à coexistência com outras espécies e não às grandes inovações que são seu legado.[12]

Uma série de estudos tem procurado definir as características dos vencedores. Essa tarefa tem tendência a ser superficial, porque se concentra nos sintomas. Obtemos melhores respostas examinando o sistema subjacente e procurando compreender o que o faz sobreviver e prosperar em face da mudança.

Partindo das especificações descritas em seguida, veremos que a instituição inteligente e adaptativa não é um produto do ego do estrategista.

PARA CRIAR UM SISTEMA ESTRATÉGICO, CRIE-SE A CAPACIDADE DE APRENDIZAGEM E ADAPTAÇÃO

Genghis Khan transformou seu exército numa máquina vencedora para as duras condições da Mongólia dos séculos XII e XIII. Seu sistema incluía tropas de elite armadas, tropas comuns organizadas em milícias, um exército formado por unidades de 100 mil e de 10 mil homens e não selecionado de acordo com afinidades tribais como era habitual, uma guarda nacional de elite, com comandantes escolhidos pessoalmente e regras de combate estritas, claras para todos e rigorosamente implementadas. Esse sistema de liderança e organização permitiu-lhe conquistar a maior parte do mundo conhecido de seu tempo. Contudo, no seu *Yasa,* seu código de honra, dignidade e excelência, adverte seus descendentes que não devem aderir estritamente a seu sistema, porque, se o fizerem, o poder de seu Estado será pulverizado e terminará.

Para criar um sistema de aprendizagem e adaptação, o Mestre da Estratégia necessitará instilar em sua entidade uma série de atributos-chave, nomeadamente:

Auto-organização. A entidade necessita ser capaz de se organizar de acordo com requisitos mutáveis.
Evolução contínua. A entidade necessita evoluir e entrar em "mutação" acompanhando as alterações do meio.
Componentes autônomos. Cada componente da entidade necessita possuir autonomia num contexto geral.
Circuito de feedback. A entidade necessita responder a um rico sistema de informação que fornece dados sobre elementos internos e externos.
Hierarquia flexível. A estrutura da entidade é determinada pela necessidade de maximizar a flexibilidade e sua capacidade de resposta às mudanças.
Relevância. A entidade deve estar preparada para adotar novas características e alterar seu caráter a fim de se manter relevante.

PARA CRIAR UM SISTEMA ESTRATÉGICO, CRIE-SE A CAPACIDADE DE AUTO-ORGANIZAÇÃO

O sistema auto-organizativo mais interessante talvez seja o próprio homem. Ele transformou-se, passando de caçador a agricultor, habitante citadino, viajante global e, por fim, agente digital na World Wide Web. A capacidade de organizar e moldar a vida de um indivíduo, sua família, comunidade, empresa e segmentos maiores é um traço definidor do homem. A adaptação ao meio talvez seja seu traço distintivo, proporcionando o contraponto mais importante às nossas predisposições genéticas.

O princípio da auto-organização é relevante para os estrategistas no desenvolvimento de uma organização adaptativa. Para se auto-organizar, o "sistema organizacional" necessitará evoluir antecipando pressões e imperativos externos. Para seguidamente enveredar por uma via de crescimento controlado, o sistema deverá eliminar o desperdício e adotar o padrão de comportamento mais adequado aos requisitos locais.

Para criar a capacidade de auto-organização, o Mestre da Estratégia necessitará instilar em sua entidade uma série de atitudes-chave, nomeadamente:

Autonomia. A entidade será capaz de agir por iniciativa própria e na ausência de controle externo.

Operação dinâmica. A entidade desenvolverá suas funções dinamicamente, sem um padrão de tempo específico, mas será impulsionada pela necessidade de suas operações serem eficazes.

Flutuações. A natureza da entidade variará enquanto sonda as opções existentes até encontrar um estado apropriado ao meio com que se defronta.

Diferenciação. A entidade irá separar-se de sua classe ou grupo para tomar formas que lhe permitam buscar a superioridade.

Ordem. A entidade buscará a ordem entre seus elementos constituintes a fim de manter seu desempenho, o que surgirá das interações entre cada um dos seus elementos.

Lidar com a instabilidade. Confrontada com um meio instável, no qual a mudança não é linear, a entidade irá adaptar-se fazendo escolhas não-lineares, ou seja, dando saltos.

Espírito crítico. A entidade terá consciência dos limites ou limiares de seu desempenho e estará preparada para mudanças de rumo.

Automanutenção. A entidade irá autocorrigir-se e continuará a manter seu desempenho.

Equilíbrios múltiplos. A entidade reconhecerá a necessidade de um grande número de padrões locais possíveis, cada um deles adequado ao meio local.

Adaptação. A entidade irá manter-se a par das variações externas e adaptará sua funcionalidade às condições existentes.

Complexidade. A entidade manterá seu desempenho em meios com um número elevado de forças em competição com muitos objetivos ou possibilidades.

Hierarquias. Cada nível de agregação de atividade e funções na entidade possuirá capacidade auto-organizadora.

Crescimento-morte. O crescimento ou desaparecimento de cada elemento da entidade dependerá dos requisitos da entidade como um todo.

PARA CRIAR UM SISTEMA ESTRATÉGICO, CRIE-SE A CAPACIDADE DE SOBREVIVER E PROSPERAR

Na área controversa das tendências de grande escala que podem acelerar o processo de evolução de organismos biológicos, foram propostos sete candidatos promissores como base do êxito da evolução futura. Esses sete candidatos são: intensidade de energia, versatilidade evolutiva, profundidade de desenvolvimento, profundidade estrutural, adaptabilidade, tamanho e complexidade. Argumenta-se que uma espécie cuja versatilidade evolutiva seja elevada possui uma vasta gama de modos de adaptação a seu meio, sendo os organismos resultantes mais eficientes e capazes de explorar seus ambientes. Einstein acreditava que o sistema que auxiliaria o homem a sobreviver era uma "organização supranacional".

Para criar a capacidade sistemática de sobreviver e prosperar, o sistema necessitará possuir uma série de atributos-chave. Segue-se uma lista seletiva das ações que o Mestre da Estratégia pode tomar para potencializar as chances de sobrevivência e prosperidade da entidade:

Preservar opções. As posições finais resultam da fusão de escolhas. A irreversibilidade é inerente ao conceito de posição final. O

Mestre da Estratégia assegura-se de que as opções são preservadas e as posições fixas e os becos sem saída são evitados.

Manter a integridade do sistema. A sobrevivência requer a capacidade de modificar a estrutura do sistema e de suas redes. As entidades adaptativas modificam-se de modo fluido, enquanto as entidades solidificadas só se modificam de forma dramática ou destrutiva. O Mestre da Estratégia assegura-se de que a intensidade da entidade se mantenha intacta em face das mudanças.

Criar um feedback de informação holística em tempo real. Uma entidade perfeitamente aperfeiçoada elimina características redundantes e abrange apenas o que é essencial. Tal sistema será também perfeitamente interdependente e contará com um número elevado de conexões externas. Os sistemas com elevada interligação são extremamente sensíveis às perturbações. O Mestre da Estratégia assegura-se de que um sistema holístico de informação forneça feedback sobre a mudança.

Promover adaptabilidade espontânea. Constata-se que os sistemas capazes de modificar seus elementos e suas conexões de modo fluido em resposta ao meio transitam espontaneamente de uma situação caótica ou estática para a estabilidade. No estado de equilíbrio, estão igualmente prontos para mudar de forma espontânea. O Mestre da Estratégia assegura-se de que a entidade reaja espontaneamente às mudanças.

Acrescentar competição para aumentar a adaptabilidade. Na genética, parece existir uma tendência seletiva para as funções que podem sustentar a auto-organização até a iminência de caos. Desse modo, o Mestre da Estratégia constrói mecanismos adaptativos e competitivos para controlar e facilitar simultaneamente a mudança.

Influenciar o meio mais amplo. Os sistemas alteram-se para maximizar a adaptabilidade. Os organismos não se limitam a adaptar-se, mas criam o cenário no qual sua sobrevivência é possível. Por conseqüência, o Mestre da Estratégia cria na entidade o poder de influenciar o meio e não apenas de reagir a ele.

Permitir que os recursos se canalizem para os requisitos. A qualquer momento, qualquer parte da rede pode deparar com requisitos de mudança desiguais. Conseqüentemente, é necessário que os recursos sejam canalizados livremente para a parte da entidade que requer esses recursos. Dada a natureza finita dos recursos, o Mestre da Estratégia assegura-se de que a entidade discrimine entre requisitos de modo a sacrificar as partes no contexto da sobrevivência do todo.

Preparar-se para uma mudança de rumo. A pressão da mudança aumenta com as dimensões do sistema. Além de um ponto crítico, que depende da taxa, tamanho e acuidade da pressão, deixa de ser possível obter melhoramentos adaptativos. Por conseqüência, o Mestre da Estratégia assegura-se de que, quando a rede atingir determinado tamanho, as mudanças fundamentais para preservar sua integridade sejam implementadas.

Preparar-se para a interdependência e a convergência. Uma entidade existe e desenvolve-se num meio com outras entidades que procuram também existir e desenvolver-se. Essas entidades encontram-se em competição pelos recursos e atingem um equilíbrio na utilização deles que permite a todas prosperar. Alguns elementos individuais das entidades podem consumir ou serem consumidos. Quando o objetivo da classe de entidades é o mesmo, é também possível sua fusão. O Mestre da Estratégia reconhece que fusão pode ser necessária para racionalizar o consumo de recursos comuns e reforçar a classe sobrevivente de entidades, criando as condições para que tal suceda.

Promover a aprendizagem. No estado de transição, o sistema possui algumas áreas relativamente fixas e outras em crescimento ou dinâmicas. As conexões existentes entre as regiões dinâmicas permitem uma disseminação controlada de informação por todo o sistema. Conseqüentemente, o Mestre da Estratégia assegura-se de que o sistema aprenda e transmita as lições por toda a rede.

Ganhar utilizando um sistema adaptativo inteligente

À luz das especificações de um Sistema Adaptativo Inteligente expostas, deveríamos questionar o papel e o método dos estrategistas. Com demasiada freqüência, eles se preocupam com questões limitadas como a comparação de um produto, mercado ou país com outro. Essas são questões para os analistas, não para os estrategistas.

As questões mais apropriadas seriam do seguinte tipo:

- ***Como está se deslocando no mundo o sistema de vantagens e como isso afetará os jogadores existentes?*** O sistema de vantagens é constituído por todos os fatores que contribuem para que um país registre melhor desempenho do que outro e incluem estruturas de salários e custos, consumo local de produtos, capacidade de produção em quantidade com a qualidade requerida e capacidade de gerar novas especificações de produtos.

  Tomando um exemplo mais específico, no caso do consumidor dos produtos da indústria eletrônica, deveríamos considerar qual é a natureza dos deslocamentos do poder econômico na indústria e se este movimento se integra num contínuo de deslocamentos, transferindo poder econômico de jogadores existentes para novos atores como os coreanos e os chineses. Uma outra questão seria a de saber como os Estados Unidos serão capazes de ressurgir como força potencial.

- ***Como diferem os sistemas empresariais entre mercados e quais são as implicações para os que procuram ingressar em um sistema empresarial vindos de outros sistemas?*** O sistema empresarial representa os fatores que levam um mercado a produzir mais empresas "aptas" do que outro, incluindo a capacidade de inovar, subsidiar idéias, gerir novos empreendimentos, sair desses empreendimentos com lucro e também destruir entidades menos aptas.

  Para um exemplo mais específico, em mercados emergentes, quais são os sistemas empresariais na China e na Índia e qual deles tem mais chances de nos oferecer oportunidades, dado o sistema empresarial em que crescemos?

- ***Como se compara o sistema de criação de riqueza de um país ou região com os de outros países ou regiões?*** Os sistemas de criação de riqueza determinam o crescimento proveitoso de um sistema relativamente a outros. Cada um inclui macrofatores como a capacidade do governo de promover trocas comerciais, o crescimento industrial, os mercados de capitais, os empreendimentos e a competição positiva. Inclui igualmente microfatores, anteriormente descritos como o sistema empresarial.

Para tomar um exemplo mais específico, na competição entre nações, até que ponto é robusto o sistema europeu gerador de riqueza quando comparado com os novos sistemas que começam a formar-se nos países da Ásia com maior crescimento econômico? Que evoluções são necessárias no sistema empresarial americano para que os Estados Unidos mantenham sua posição de líder?

Caso os estrategistas pretendam desenvolver estratégias eficazes, devem sondar a natureza do sistema subjacente e procurar compreender como está se desenvolvendo e qual é sua posição relativamente aos outros. Em última instância, a tarefa do Mestre da Estratégia consiste em construir um sistema inteligente que se adapte ao mundo, porque o mundo muda tão rapidamente que não podemos prever ou controlar todas as modificações exigidas. O Mestre da Estratégia recorrerá às alavancas internas para criar seu organismo adaptativo e aberto. Utilizará também as alavancas externas para influenciar o meio. O sistema resultante terá de ter a capacidade de gerir a mudança e as relações de modo a transformar-se num sistema estratégico. Para tal, é necessário que o sistema possua as seguintes características de mudança:

Preparação para qualquer perturbação. No ponto crítico, qualquer nível de perturbação pode provocar qualquer grandeza de efeito – é impossível prever o tamanho do efeito com base no nível de perturbação em sistemas de grandes dimensões. Por conseguinte, a capacidade de auto-organizar o processo de recuperação de uma catástrofe é essencial.

Capacidade de inovar e assimilar. Uma taxa demasiado elevada de inovação conduz à perda de informação, ao caos e ao colapso do sistema. Por conseguinte, a execução da mudança deve ser cuidadosamente gerida.

Adaptabilidade à diversidade. As entidades familiarizam-se com entidades estranhas e destroem-nas, assimilam-nas ou sucumbem. A capacidade de adaptar-se à diversidade é fundamental para o sucesso. Dada a complexidade do mundo, a habilidade de extrair valor da diversidade torna-se um fator crítico para a sobrevivência. Uma vez que temos experiência de apenas uma fração da diversidade do planeta, e ainda não aprendemos a assimilá-la, ela ainda nos surpreenderá. Por conseguinte, a capacidade de utilizar a diversidade deve ser promovida.

Promoção de trocas e comércio. Duas ou mais entidades autônomas em interação que, combinadas, incrementem as taxas de crescimento acima das verificadas em cada uma delas isoladamente, na ausência de influências corruptoras, tendem a fundir-se ou negociar entre si. Por conseguinte, as interações internas ou externas nas quais os benefícios são mútuos devem ser encorajadas.

Disciplina comercial. Se a inovação implica um custo, a taxa de inovação será constrangida pelo pagamento e seu período. Tal situação não só se verifica em sistemas ecológicos, mas também em situações econômicas, em que a relação entre o risco e o lucro constitui uma restrição reduzida. As interações devem dar uma contribuição líquida positiva para serem sustentáveis. Por conseguinte, as disciplinas comerciais precisam ser introduzidas e mantidas.

Rede de aprendizagem ampliada. O número de eventos potencialmente perturbadores aumenta de forma exponencial relativamente ao número de unidades numa rede. A aprendizagem por parte das "unidades" na rede permite que as perturbações sejam contidas. A aprendizagem sem uma disseminação ampla conduz a uma rede total desigual e mais fraca.

As especificações parciais de sistema sobre sistemas adaptativos inteligentes expostas nos parágrafos anteriores ilustram a necessidade de o estrategista e de o líder se distanciarem das emoções relacionadas com a posse e se concentrarem na aptidão da entidade da qual são meros servidores.

OS IMPULSIONADORES DO FRACASSO: A CORRUPÇÃO DO SISTEMA

Todos os impérios e superpotências chegam ao fim. O poderio dos egípcios, persas, gregos, romanos, bizantinos, árabes, mongóis, Ming, Tokugawa, otomanos e britânicos teve fim. O domínio americano do século XX e início do século XXI também terminará, inevitavelmente. Os impérios comerciais no seio dessas grandes potências chegam também, fatalmente, ao fim. As grandes corporações econômicas globais dos séculos XX e XXI acabarão, da mesma forma, por desaparecer. Contudo, as grandes idéias mantêm-se por mais tempo.

Cada império e superpotência tem a oportunidade de transmitir uma grande idéia à geração seguinte. A queda de impérios e superpotências ocorre quando estes deixam de ser o sistema mais apto a proporcionar paz, prosperidade e liberdade. A queda pode demorar muito tempo a chegar, mas sofre uma aceleração à medida que o sistema se revela menos adequado. A corrupção de sua aptidão provém da corrupção interna do sistema. Esta foi a causa da dissolução de inúmeros impérios e superpotências ao longo da história. Os cânceres internos que corrompem o sistema resultam de atitudes internas, lutas pelo poder e desequilíbrios:

Focalização no passado glorioso: o poder do legado de impedir o progresso. Uma focalização excessiva nos pontos fortes do passado resulta na incapacidade de construir os ativos necessários para competir com entidades novas ou "estrangeiras".

Focalização em projetos pessoais: o poder da iniciativa sobre o todo. A focalização incide em iniciativas em vez de agir na criação de um "sistema" e de uma cultura de sucesso.

Focalização em heróis: o poder do indivíduo a expensas do todo. Uma intervenção excessiva no sistema resulta em uma distorção da adaptabilidade e flexibilidade do sistema, prejudicando sua capacidade de sobreviver e prosperar.

Focalização em nós próprios: o poder da paroquialidade sobre uma visão mais ampla. A incapacidade de pensar além das fronteiras locais e, em vez disso, perseguir objetivos locais que são incompatíveis com interesses institucionais.

Focalização na autonomia: o poder da outorga de autoridade para deter a unidade. A fragmentação das políticas em conseqüência da incapacidade dos componentes do sistema de trabalhar em conjunto.

Focalização no prazer: o poder do impulso do prazer sobre o impulso do trabalho. A tendência para aproveitar o que se pode, mesmo de forma abusiva, sobrepõe-se, freqüentemente, aos deveres para consigo próprio e para com os outros.

Entre as causas atuais da corrupção de sistemas vindas do exterior encontram-se uma regulamentação despropositada, o apoio e subsídios a entidades inaptas, o abuso de informação e a atribuição incorreta de recursos públicos. É necessário não esquecer que existe um exterior. Para o indivíduo, pode ser a organização. Para a organização, pode ser a nação. Para a nação, pode ser a região ou comunidade internacional. Para a comunidade internacional, pode ser a superpotência ou o império da época. Para a superpotência, pode ser o "subversivo", "terrorista", "combatente pela liberdade", e assim voltamos ao indivíduo. Na verdade, voltamos à idéia: a idéia subversiva, terrorista, da liberdade. O combate se dá contra as mentes dos outros, ou por elas. É necessário não esquecer que não existe, propriamente falando, um exterior: tudo está inter-relacionado. O exterior de uma pessoa é o interior de outra.

O ciclo da ascensão e queda de entidades é um fenômeno natural que afeta todas. Acontecimentos aparentemente fortuitos levam a que os líderes certos se transformem nos líderes errados, as influências certas em erradas e os ativos certos em errados. São errados porque já não estão aptos a sobreviver e prosperar. Tornaram-se errados, porque não se adaptam. Sua capacidade de adaptação é corrompida pelas mesmas razões de sempre. As causas originais podem encontrar-se nas fraquezas emocionais, no medo e na ganância: medo de instituir a mudança e ganância de arrecadar e consumir os frutos do sucesso. Em conclusão, em face dos assaltos do interior e do exterior, o papel do Mestre de Estratégia consiste em criar e manter um sistema estratégico inteligente e adaptativo, com aptidão para vencer.

No capítulo seguinte, examinaremos as vias estratégicas para ultrapassar as atuais barreiras do pensamento sobre estratégia.

5

VIAS FUTURAS PARA A ESTRATÉGIA

"Os acontecimentos no mundo resultam de causas que não vemos nem compreendemos. O inter-relacionamento dessas causas tem conseqüências que não compreendemos. Nossas ações causam conseqüências que não compreendemos. O resultado é o caos. Um futuro melhor requer que compreendamos melhor a natureza das coisas hoje em dia."

O livro do poder, dos objetivos e dos princípios

AS GRANDES OPORTUNIDADES DO NOSSO TEMPO

Os desafios colocados no Capítulo 1 deste livro diziam respeito ao tipo de mundo em que vivemos e, por conseguinte, à natureza de nossa existência. Consideramos igualmente o potencial presente em cada um dos Sete Fenômenos Configuradores. Cada um deles nos oferece numerosas oportunidades, entre as quais a chance de criar:

- A Era dos Milagres *ou* a Era do Fim dos Tempos
- A Era das Idéias *ou* a Era da Propaganda
- A Era dos Vales do Silício Globais *ou* a Era da Competição Destrutiva dos Vales do Silício
- A Era da Superciência *ou* a Era da Ciência da Destruição em Massa
- A Era da Prosperidade Global *ou* a Era do Interesse Próprio e do Protecionismo
- A Era do Capitalismo *ou* a Era dos Capitalistas
- A Era de uma Consciência mais Elevada *ou* a Era da Batalha das Ideologias

- A Era da Hiperpotência *ou* a Era do Fim das Superpotências
- A Era das Guerras Rápidas *ou* a Era das Guerras Contínuas

Poderá um número assim tão elevado de possibilidades encontrar-se presente em nossos dias? A resposta é que existem muito mais possibilidades do que somos capazes de imaginar. É importante não nos concentrarmos excessivamente nesses sete fenômenos. Isso nos limitaria. Nossa capacidade de imaginar, desenvolver e executar estratégias apropriadas é a única limitação que devemos enfrentar caso pretendamos concretizar as melhores oportunidades potenciais. Necessitamos de uma revolução na forma como desenvolvemos as estratégias e nossos estrategistas, se quisermos alcançar as vias mais positivas que surgem a partir das mudanças no mundo.

ESTRATÉGIAS DO FUTURO

As sementes de nosso futuro estão presentes hoje. Os fenômenos configuradores dão uma idéia das escolhas potenciais que possuímos. Contudo, a forma desse futuro está sujeita à natureza caótica das conseqüências desses fenômenos configuradores. Por meio de saltos analítico-intuitivos é possível identificar alguns dos pontos mais importantes ao longo dessas vias, mas não existe garantia de que sejamos capazes de identificá-los. Daí a necessidade de criar um sistema que seja, ele próprio, estratégico em sua resposta à mudança.

O sistema estratégico não existe independentemente do seu arquiteto-mestre-criador, o Mestre da Estratégia. Também não existe fora do meio no qual o sistema estratégico e seu arquiteto operam. A fim de se manter apto para seu objetivo, o sistema estratégico necessitará ser calibrado. A calibragem pode ser gradual ou repentina, e essas mudanças também afetarão o próprio meio.

As explorações incomuns da história conduziram aos grandes ramos da ciência de nossos dias. A alquimia levou à química, a astrologia à astronomia, os estudos cabalísticos à matemática e os sistemas de memória e labirintos às bibliotecas e, por fim, aos computadores e sistemas de informação. Muitas das grandes figuras das revoluções científicas ocidentais dos séculos XVI e XVII deram origem e atenção a campos que atualmente nos parecem menos racionais. Johannes Kepler (recordado principalmente por ter articulado as três leis do movimento planetário) praticava a astrologia; Isaac Newton (o filósofo e cientista famoso pelas três leis do movimento e pela lei da gravitação universal) era também alquimista; Gottfried Leibniz (famoso por ter inventado o cálculo diferencial e integral) interessava-se por notações hieroglíficas e cabalísticas; e Matteo Ricci (o padre jesuíta italiano do século XVI que ensinou na China) explorou labirintos e sistemas de memória. Hoje em dia, corremos o risco de perseguir uma exploração muito mais superficial de nosso mundo baseada nas descobertas do passado e não explorarmos, nós próprios, vias menos usuais.[1]

Temos de ver nossa abordagem estratégica: os Mestres da Estratégia necessitam examinar uma série de questões fundamentais a fim de dar forma ou adaptar-se a uma situação e meio complexos e caóticos. Entre os tópicos de importância crítica que funcionarão como impulso para alcançar o próximo nível de pensamento inovador, estão:

- A mente
- Transações e relações
- Recursos e ativos
- Tempo
- Interligação
- Estratégia como estado adaptativo
- O papel da humanidade

A mestria desses tópicos proporcionará o incremento dos níveis de paz, prosperidade e liberdade no mundo. Contudo, nas mãos erradas, contribuirá para incrementar os níveis de conflito, pobreza e escravização. Os libertadores e os déspotas de amanhã podem bem ser os indivíduos que cultivaram uma mestria desses novos desenvolvimentos fundamentais. As grandes mudanças resultam de grandes idéias. É provável que uma das primeiras grandes idéias – o "comércio" – tenha surgido como suporte para a construção de relações sociais entre as tribos. Tornou-se um dos fatores mais poderosos nas mudanças no equilíbrio do poder econômico. Um dos primeiros modos de vida do homem, a vida em harmonia com a natureza, foi ultrapassado pela grande idéia de o homem "remodelar" a natureza por meio da construção de grupos de cabanas para criar aldeias, estruturas fixas que alteraram a paisagem, sistemas de irrigação que mudaram o curso dos rios e diques para os conterem. Os combates e a guerra são tão antigos como a própria humanidade, mas a grande idéia da "aniquilação" é relativamente recente e levou o homem a reprimir ou abandonar seu sentimento de remorso em nome de uma causa maior.

No passado, grandes idéias estratégicas foram também articuladas por grandes estrategistas de todo o mundo. *A arte da guerra,* de Sun Tzu, a obra clássica indiana *Bhagavad Gita, O livro dos cinco anéis,* de Miyamoto Musashi, *O príncipe,* de Maquiavel, e *Da guerra,* de Clausewitz, são obras que abordam os segredos da estratégia. Contudo, um exame mais aprofundado revela que esses livros não se debruçam apenas sobre os segredos da estratégia, mas também sobre os segredos da vida.

Examinaremos agora a forma como cada um dos tópicos para novos desenvolvimentos listados pode ser a semente de uma nova grande idéia que, no futuro, poderá alterar a natureza da estratégia.

Futuras vias estratégicas

UM: A BATALHA PELA MENTE

Uma das interpretações possíveis da história é que nos demonstra que o ataque é a melhor forma de defesa. Segundo esse ponto de vista, os romanos não poderiam ter vencido os bárbaros por meios pacíficos, nem os chineses a Genghis Khan e os europeus a Hitler por meios também pacíficos. Por conseguinte, muita gente colocou a questão: uma guerra do tipo da que o governo Bush moveu em 2003 contra o Iraque não será a melhor maneira de esmagar um inimigo antes de ele se tornar demasiado forte? Questões como essas não podem ser abordadas recorrendo aos métodos de análise estratégica existentes. É cada vez mais necessário seguir uma linha de investigação mais sofisticada para encontrar a resposta para essa e outras questões igualmente críticas, entre as quais:

- A estratégia política tem, essencialmente, a ver com o êxito na guerra? Não é mais eficiente matar o inimigo quando ele está fraco e não serão as alternativas meras formas de apaziguamento?
- A estratégia corporativa tem, essencialmente, a ver com o sucesso na competição?
- A estratégia pessoal tem, essencialmente, a ver com a obtenção de fama, fortuna ou poder?

Talvez seja necessário ultrapassarmos questões tão centradas na equação vencer-perder. Os líderes descobrem muitas razões para empreenderem guerras, mas as raízes do conflito se encontram no medo e na ganância. É evidente que esses sentimentos são altamente pessoais para os líderes que desejam empreender a guerra. No entanto, a guerra só pode concretizar-se quando essas emoções estão presentes nos corações e nas mentes do povo. Assim, o primeiro passo na guerra é, freqüentemente, instilar medo e ganância nas mentes do povo e incitar ao ódio e à cobiça. Por conseguinte, eles envolvem-se numa batalha pela mente – pela mente de seu próprio povo. Infelizmente, eles sentem-se tentados a travar uma guerra limitada pela mente de seus inimigos e uma guerra prolongada pelo seu "corpo", a terra.

Para responder às questões fundamentais sobre se devemos empreender guerras no futuro, necessitamos compreender a arte da batalha pela mente. O foco nessa área da estratégia assentará sobre a percepção de como vencer sem combater. Compreender que nos defrontamos com a escolha entre aniquilar o inimigo e sucumbir ao inimigo obrigará à exploração de outras vias. Essas vias tomarão a forma de um xeque-mate baseado numa ameaça mútua; um compromisso baseado na necessidade de uma coexistência pacífica; uma aceitação baseada em trocas e numa adaptação mutuamente benéficas.

A guerra para ganhar a mente não se trava necessariamente em uma só batalha. As batalhas preliminares podem implicar a utilização de outras estratégias: competição, perturbação e dominação. Esses jogos de poder podem integrar-se num aviso prévio de uma intenção séria. Contudo, já que essas estratégias resultam, essencialmente, em conflito se seguidas até o fim, enfraquecerão a vontade de lutar pelas mentes. O estrategista fraco sucumbirá à possibilidade de tomar a terra pela força e abdicará da via mais pacífica de tomar a mente. A história demonstra a força sedutora que a possibilidade de poder exerce sobre os conquistadores.

Os três pretextos para conduzir a batalha pela mente são os seguintes:

> ***Antecipação ao conhecimento das massas***. Uma estratégia de ação anterior ao conhecimento das massas – ou seja, de uma ação antes de as massas conseguirem perceber a possibilidade de ação – não envolve inimigos. Exige que o Mestre da Estratégia identifique potenciais campos de batalha, rivais e inimigos, de modo a poder plantar as sementes de trocas mutuamente benéficas antes de se desenvolver uma inimizade e muito antes de se começar um conflito. Assim, resolvem-se problemas potenciais antes de qualquer um dos lados se aperceber da potencial rivalidade. As trocas mutuamente benéficas podem envolver bens, serviços, povos e culturas. O fracasso na adoção eficaz dessa estratégia conduz a estratégias de preempção.
>
> ***Preempção***. Uma estratégia de preempção exige a antecipação da ação de alguém que é agora o adversário ou inimigo. Isso requer que o estrategista comunique sua intenção de se envolver em conflito e de arcar com as conseqüências – custos, baixas e inimizade a longo prazo. Tal comunicação não deve ser considerada a fase final do jogo. Quando é eficaz, ela pode fazer ganhar o tempo necessário para ensaiar uma estratégia mais pacífica. Evidentemente, as estratégias de preempção são capazes de ultrapassar a comunicação e implicar uma intervenção. Se uma intervenção limitada for bem-sucedida, o estrategista poderá ter ainda a chance de bater em retirada e reorganizar suas forças de modo a ensaiar a aplicação de uma estratégia mais pacífica. Se a mente do adversário não tiver sido compreendida, o tiro sairá pela culatra e poderá levá-lo a interpretar nossa comunicação e intervenção limitadas como sinal de fraqueza, fazendo-o tomar medidas mais drásticas contra nós. O fracasso na adoção correta dessas estratégias conduz a estratégias de fingimento.

Fingimento. Uma estratégia de fingimento exige um fingimento, uma falsidade, para intervir e assumir o controle de uma situação, a fim de ganhar tempo para atingir outro objetivo. Esse outro objetivo pode ou não ser a decisão de como ganhar a mente do adversário. O estrategista deve encontrar um fingimento adequado que tenha credibilidade suficiente para o inimigo e seus próprios aliados, permitindo-lhe assumir o controle de uma situação por um período de tempo suficiente para conquistar a mente do inimigo. Essa estratégia envolve o risco de os líderes apreciarem os frutos de seu sucesso e procurarem usar ou manter o ativo de que assumiram o controle. O fracasso na adoção eficaz dessas estratégias conduz a batalhas além da mente – batalhas de destruição.

O Mestre da Estratégia verá aquilo que os outros não conseguem ver ainda e atuará antes de o conflito ser iminente. Ele deve ser capaz de passar:

- Da comunicação para a persuasão.
- Do emprego de métodos que minam psicologicamente o desejo do inimigo de lutar para a cooperação na construção de um objetivo comum.
- Do envolvimento em trocas mutuamente benéficas que transformem o inimigo em cliente para a transformação dos inimigos em empregados.
- Da oferta de mais prazer resultante do consumo do produto para a oferta de algo que melhore a vida de forma mais fundamental.
- Do fornecimento de auxílio para o fornecimento de capital de autodesenvolvimento e know-how.
- Da venda de produtos para o ensino da auto-suficiência.

A batalha pela mente trava-se a partir de três posições: de medo, de ganância e de altruísmo. Os que vão para a luta a partir de uma posição de medo acham que sem ele se arriscam a uma batalha pela terra com terríveis conseqüências para ambos os lados. Os que partem de uma posição de ganância acham que se trata da forma mais eficaz de obter terra, valor e seguidores. Os que procedem de uma posição altruísta compreendem que é a forma de criar um planeta mais auto-sustentável e próspero.

Para os políticos, o desafio deveria ser como ganhar as mentes de forma a não desperdiçar os corpos de seus exércitos. Para as corporações econômicas, o desafio de como obter lealdade para sua marca e produto ou serviço a fim de evitar o desperdício de recursos em guerras de preços com os rivais. Para os indivíduos, o desafio de como alcançar o controle sobre sua própria mente para se pouparem do sofrimento que resulta do medo e da ganância.

O êxito na batalha pela mente é obtido quando a própria mente é conquistada. Nesse estado, não se sente o medo, a ira e o ódio que conduzem a uma guerra destrutiva. Se conseguirmos dominar também a ganância, a cobiça e a malícia, a outra raiz das guerras destrutivas é evitada. Um estado desapaixonado permite uma avaliação mais objetiva da situação e, por conseqüência, estratégias menos emotivas. É assim possível seguir estratégias para que os rivais possam coexistir, tornar-se co-dependentes e, em seguida, fundir-se. Para que isso ocorra, os pressupostos, crenças e valores de ambas as partes têm de ser alterados. Os estrategistas capazes de alcançar tais resultados possuirão uma compreensão profunda da história, da sociedade, da cultura e do comportamento humano, assim como da mente – de sua própria mente e da dos outros.

DOIS: ESTRATÉGIA COMO TRANSAÇÕES E RELAÇÕES

Um impasse fundamental deriva do fato de nos encontrarmos freqüentemente em circunstâncias nas quais não existe uma explicação clara para a extensão da inimizade dirigida contra nós: que estratégia deveria ser adotada para resolver tais situações? O argumento é que, com certeza, o bombardeio a Pearl Harbor em 1941, o ataque em 11 de setembro de 2001 às Torres Gêmeas em Nova York, os atentados regulares de homens-bomba suicidas em Israel desde a década de 1980 são inexplicáveis, podendo apenas dizer-se que são crimes monstruosos cometidos por pessoas monstruosas. Eis algumas das questões colocadas:

- De uma perspectiva política, é freqüentemente colocada a questão: não será inexplicável a razão por que nossos inimigos nos atacam e seus métodos são verdadeiramente monstruosos?
- Da perspectiva das corporações, será possível criar valor, dado que existem pessoas demais competindo por um quinhão da carteira dos clientes?
- De uma perspectiva pessoal, será possível nos conservarmos centrados, mantermos nossas relações positivas e nos afastarmos daqueles que nos prejudicariam?

Questões como estas não podem ser abordadas recorrendo aos métodos de análise estratégica existentes. É cada vez mais necessário seguir uma linha de investigação mais sofisticada.

Quando vemos resultados, devemos procurar uma causa. Isso irá nos auxiliar a compreender melhor a razão e nos impedirá de continuar culpando o acaso e encarando o inimigo como um demônio. Isso nos permitirá reconhecer o papel que nós – assim como outros fatores – desempenhamos nas coisas que correm bem e nas que não correm tão bem para nosso lado. Podemos encarar cada situação de causa e efeito como uma transação. Por conseguinte, tudo pode ser visto como transacional, porque existe sempre uma causa e um efeito subseqüente. O papel do estrategista consiste em determinar as transações necessárias para obter um resultado desejado. Elas possuem um elemento quantitativo e um qualitativo, ou seja, em palavras mais simples, quanto foi executado e quão bem foi executado. As transações são executadas dentro de limites temporais e espaciais, ou seja, ao longo de quanto tempo foram executadas e cobrindo que distância. Por conseguinte, para qualquer situação e meio particulares, a estratégia tem relação com a força, extensão e qualidade da nossa ação e o tempo ao longo do qual agimos. Nossas (trans)ações serão apropriadas ou não.

A estratégia transacional pode ser conduzida privilegiando esquemas ou pontos de referência que não sejam mutuamente exclusivos:

Existencial. Nessa abordagem, cada transação individual é importante. A ênfase incide no presente e em cada elemento individual da existência. Cada situação tem importância, porque cada uma delas envolve transações. O papel do estrategista consiste em desenvolver o domínio sobre o presente. Esse domínio proporciona uma conscientização da natureza da existência, o que permite que tudo seja compreendido e abordado.

Relacional. Nessa abordagem, cada série de transações é importante, porque cada uma constrói uma relação. A ênfase incide nas relações e o papel do estrategista consiste em desenvolver relações. O valor da relação pode ser determinado pelo valor cumulativo – quantitativo e qualitativo – das transações. A relação pode ser física, emocional, espiritual e financeira ou comercial.

Comunal. Nessa abordagem, as transações da entidade são importantes. A ênfase incide na entidade. Para quaisquer situações e meios, o papel do estrategista é determinar as transações necessárias no interior da entidade para que ela seja capacitada a atingir seus objetivos.

Negocial. Nessa abordagem, as transações entre entidades são importantes. A ênfase incide nas transações externas. O papel do estrategista consiste em determinar as transações entre entidades para que seus objetivos sejam atingidos.

Holístico. Nessa abordagem, todas as transações têm importância, porque existem ligações e conexões entre tudo. Reconhece a relação entre o indivíduo e todas as transações. As fronteiras deixam de ser fatores limitadores, porque existe uma aceitação de que todas as coisas estão relacionadas entre si. Essa aceitação provê o ponto de partida para derrubar as fronteiras. Examinaremos mais pormenorizadamente essa abordagem posteriormente, quando discutirmos a Estratégia da Interligação.

Os elementos descritos são parte da jornada de desenvolvimento de mestria sobre os acontecimentos. Com demasiada freqüência, são encarados como métodos autônomos e auto-suficientes. A mestria das transações liberta o potencial de exercer a maior influência possível sobre os acontecimentos. O estrategista transacional toma consciência da importância de cada interação, compreende a causa, e efeito, de cada uma delas e, desse modo, alcança a compreensão da natureza das coisas.

Os defensores da estratégia transacional incluem um vasto leque de pessoas, entre os quais líderes religiosos e corretores financeiros. Por volta do século VI a.C., Buda praticava a observação do movimento de sua respiração, a chamada meditação *Vipassana,* para transcender o corpo, as emoções e a mente. Diz-se que essa prática lhe proporcionava insights profundos sobre a interação entre todas as coisas e sua natureza fundamental. Em 1997, George Soros estudou a natureza dos povos, regimes e mercados, obtendo assim insights sobre as transações necessárias para afetar essas entidades. Esse conhecimento permitiu-lhe, com sua equipe, precipitar o colapso dos mercados asiáticos e da libra britânica.

Os métodos por meio dos quais a estratégia transacional pode ser implementada são amplos e variados, incluindo métodos internos como a contemplação e a meditação e métodos externos que nos permitem planificar o tipo, seqüência, timing, qualidade e quantidade das transações. Entre os métodos externos contam-se a diplomacia, as trocas comerciais, as ameaças, as batalhas e as guerras em contextos pessoais, empresariais e políticos. Os estrategistas irão se tornar mestres da interação por meio do estudo de si próprios, do seu meio, relações, comunidades, sociedades e trocas. Os estrategistas terão de fundir todas essas coisas numa compreensão da relação entre causa e efeito. Para o conseguir, irão se tornar matemáticos que estudam a teoria do caos e especialistas em meditação que estudam o fluxo da respiração e a energia no corpo.

TRÊS: TRANSFORMAR O VALOR DOS RECURSOS

Como foi ressaltado, uma crença comum é a de que, em qualquer ponto no tempo, os recursos que temos à nossa disposição são limitados e, por conseqüência, temos de competir por eles ou limitar nossas escolhas. Daí o argumento de que, em última instância, temos de lutar pelo petróleo, pelos cereais, por capital, pelo talento, por tudo. Questões como essas não podem ser abordadas recorrendo aos métodos de análise estratégica existentes. É cada vez mais necessário seguir uma linha de investigação mais sofisticada para encontrar as respostas que põem em questão pressupostos fundamentais como os seguintes:

> ***De uma perspectiva geopolítica***, continuarão os pobres a ser pobres independentemente do que possamos fazer, porque a assistência é insuficiente para os salvar das guerras dos seus déspotas, da fome, da doença e das armadilhas culturais?
> ***De uma perspectiva política***, em face da escassez de recursos naturais de importância crítica como o petróleo, deveríamos reduzir nosso consumo ou apoderarmo-nos desses recursos escassos e distribuí-los de modo mais justo?
> ***De uma perspectiva corporativa***, tendo compreendido nossas forças e fraquezas e a base de nossas competências passadas, deveríamos maximizar o poder negocial daquilo que possuímos?
> ***De uma perspectiva pessoal***, como nossas capacidades são limitadas, as oportunidades escassas e os nossos competidores naturalmente melhores do que nós, deveríamos contentar-nos com menos?

Uma forma incorreta de pensar conduz a uma ênfase excessiva naquilo que temos e, por conseguinte, à ênfase na competição. Essa abordagem de recursos finitos resulta em estratégias que procuram explorar situações baseadas no ponto de vista de que os recursos e, por conseguinte, as escolhas são limitados. Conseqüentemente, a estratégia transforma-se num jogo de estabelecimento de prioridades e atribuição de recursos. O resultado é adequarmos o que temos à situação com que deparamos. As estratégias resultantes tendem igualmente a oferecer proteção em vez de expansão.

No futuro, necessitaremos transformar os ativos de forma que seu impacto e valor sejam transformados. Os tipos de transformação de recursos são:

> ***Ampliação***. O objetivo é ampliar a influência de nossos recursos utilizando os recursos de outros. Nessa abordagem, tornamos os outros nossos agentes em vez de criarmos redes rivais.

Prolongamento. O objetivo é incrementar o prazo de vida do produto. Nessa abordagem, investimos para tornar o produto mais durável e relevante.

Intensidade. O objetivo é incrementar a intensidade de desempenho do recurso. Nessa abordagem, aumentamos a concentração e a produtividade de nossos recursos por meio do treinamento e da motivação.

Inventividade. O objetivo é incrementar a capacidade de resolução de problemas e a criatividade de nossos recursos. Nessa abordagem, utilizamos métodos e técnicas para aperfeiçoar a capacidade de nossos recursos de resolver problemas complexos e identificar e utilizar outros recursos de forma eficaz.

Funcionalidade. O objetivo é fazer aumentar o número de coisas nas quais possam ser utilizados nossos recursos. Nessa abordagem, incrementamos a capacidade do recurso para o tornar mais capaz e multifuncional, ou seja, mais capaz de fazer mais coisas.

Composição. O objetivo é alterar os elementos inerentes de nossos recursos. Nessa abordagem, alteramos a composição do nosso reservatório de recursos ou a composição de um recurso individual.

Organização. O objetivo é alterar a forma como os recursos são utilizados e controlados. Nessa abordagem, alteramos a orientação de nossos recursos para que aperfeiçoem sua capacidade de decidir, agir e de trabalhar em conjunto.

A transformação de recursos aparentemente limitados em outros, bem mais valiosos, pode comparar-se aos sonhos dos alquimistas do século XVI, que procuravam transformar metais de base em metais preciosos. Quando a transformação dos recursos é atingida e controlada, o estrategista transforma-se num "alquimista". Essa "alquimia estratégica" pode ser aplicada pelo estrategista a:

Uma ecologia. Estamos habituados à mudança ecológica, com rios se transformando em lagos por meio de diques, o petróleo tornando-se combustível para automóveis, os icebergs transformando-se em oceanos, as planícies em desertos, as florestas em savanas, as selvas em plantações e a camada de ozônio em um buraco. O estrategista recorre a soluções alternativas que evitam os danos ecológicos. Para tanto, torna-se necessário aplicar tecnologia, capital, esforço físico e, o que é mais importante, idéias.

Uma situação internacional. A tarefa do estrategista consiste em transformar uma situação, fazendo-a passar de bélica a pacífica, de ditatorial e fechada a aberta e livre, de irregularmente desenvolvida a desenvolvida e próspera. Isso requer a transferência de ativos para além das fronteiras, por exemplo, por meio de viagens e turismo, da migração de pessoas, da construção de fábricas globais, da venda internacional de produtos e serviços e de investimentos globais. Isso só é possível se existir uma percepção da dependência mútua. O estrategista transformará os fatores de guerra com o conhecimento da paz, os fatores de pobreza com o conhecimento da geração de riqueza e os fatores que contribuem para uma sociedade fechada com instituições que estabeleçam e protejam a liberdade.

Uma nação. A tarefa do estrategista consiste em transformar a situação nacional, fazendo-a passar de bélica a pacífica, de ditatorial a livre e de pobre a próspera. Isso requer uma série de métodos que transformam os inimigos em colaboradores, uma massa populacional numa força de trabalho e em consumidores, as pessoas com espírito de iniciativa em empresários, as que possuem formação em elementos de um reservatório especializado de engenheiros e arquitetos, terra estéril em Vales do Silício e pólos de concentração de conhecimento, capital, talento e oportunidades, terrenos baldios em fábricas, e relações em mercados de importação e exportação.

Uma organização. Numa organização, o estrategista aplica os métodos de multiplicação do valor dos recursos a pessoas, máquinas, edifícios, produtos e relações. O resultado é permitir à organização obter resultados que ultrapassem a visão convencional do que poderia obter-se com tais recursos. Quando a aplicação desses métodos é bem-sucedida, as reduções de custo e o aumento de rendimento dos recursos da organização atingem um nível que ultrapassa o dos competidores da organização. Uma outra conseqüência, ainda mais importante, é que a organização consegue criar um impacto muito maior no mundo.

Um indivíduo. A tarefa do estrategista consiste em transformar o indivíduo por meio de métodos que desenvolvam sua capacidade de libertar seu potencial. Isso requer que o indivíduo seja cuidadosamente selecionado, já que nem todo mundo está disposto a aceitar um desafio físico, emocional, mental e espiritual, a ser educado de forma abrangente e aprofundada em conteúdos antigos e modernos, necessários para se adquirir a capacidade de traduzir dados e informação em insights, previsões e sabedoria, e ser assim capaz de lidar com questões cada vez mais difíceis.

Em resumo, para implementar essas estratégias, o estrategista utilizará informação, dinheiro, ciência, tecnologia e força física. Os estrategistas se tornarão "alquimistas" que transformam o potencial das pessoas, recursos e instituições, transformando assim também o impacto e o valor financeiro desses recursos. Para cumprir esse objetivo, teremos necessidade de estrategistas com uma compreensão adequada das relações entre as pessoas, as organizações e o meio e a capacidade de utilizar métodos transformadores.

QUATRO: ASSUMIR O CONTROLE DO TEMPO

Em grande parte de nosso pensamento estratégico o tempo é ignorado ou, na melhor das hipóteses, considerado como um conceito finito, ou seja, o tempo sempre está se esgotando. De acordo com esse ponto de vista, o tempo é um fator fixo e só podemos ser vencidos por ele. Corresmo o risco de chegar demasiado tarde ao campo de batalha, como pode ser tardia nossa oferta de paz e o lançamento de nosso produto, e as nossas desculpas devem chegar tarde demais para reconquistarmos os que amamos. Questões como estas não devem ser abordadas recorrendo aos métodos de análise estratégica existentes. É cada vez mais necessário seguir uma linha de investigação mais sofisticada para encontrar as respostas que põem em questão pressupostos fundamentais, tais como:

Se você é um estrategista político, sabe que uma nação leva mais tempo para tornar-se próspera do que um governo para perder as eleições. Conseqüentemente, nessa visão limitadora de tempo, no curto prazo, se somos pobres, continuaremos sendo pobres; assim, não seria melhor limitarmos nossas ambições e concentrarmo-nos em objetivos menores com mais chances de sucesso?

Se você é um estrategista corporativo, sabe que leva mais tempo para obter-se crescimento e valor e equiparar-se a um líder de mercado do que não cumprir as previsões de lucros trimestrais. Conseqüentemente, nessa visão limitada, a resposta não deveria ser tomar passos medidos para melhorar nosso desempenho?

Se você é alguém que busca o desenvolvimento pessoal, sabe que pode levar uma vida inteira para dominar a arte da meditação, do tai chi ou da ioga, para ficar rico e adquirir sabedoria. Para a maior parte das pessoas, a questão real depressa se transforma em: para quê me dar a esse trabalho? Não há dúvida de que podem ser encontrados atalhos – guias abreviados de ciência, a gestão em 15 minutos, ioga para executivos, drogas...

Os estrategistas da Antiguidade compreendiam a importância do tempo e do timing. Alexandre, o Grande, obrigava suas tropas a marchar toda a noite para apanhar o inimigo de surpresa. Genghis Khan avançava com tanta velocidade que levava seus inimigos a fugirem aterrorizados. No século XX, o mundo dos negócios acabou também por compreender a importância de ser o primeiro. Nos anos 1980, os fabricantes de automóveis e as companhias de eletrônica de consumo do Japão construíam novos modelos tão rapidamente que os principais líderes de mercado dos Estados Unidos e da Europa não conseguiam acompanhar seu ritmo. Nessa altura, e ainda em nossos dias, a batalha estratégica usual consiste em ser o primeiro no mercado.

No futuro, teremos de encarar o tempo como algo que pode ser controlado como qualquer outro fator para obter vantagem. O tempo será utilizado em estratégias das seguintes maneiras:

Timing. As estratégias falham por serem demasiado tardias ou demasiado prematuras. O objetivo de utilizar o timing como estratégia é encontrar o momento mais apropriado. O estrategista deve optar por um timing a partir daquilo que parece ser um mar de momentos potenciais, a fim de conseguir que um momento específico entre em ação. O resultado é prevalecermos em determinado momento.

Freqüência. Isto significa determinar o timing numa série de tempos. O estrategista deve decidir cada ação de modo que os produtos captem o mercado, as tropas avancem com êxito sobre as posições do inimigo e a assistência do governo satisfaça as necessidades das pessoas. O resultado é prevalecermos ao longo de um período contínuo.

Ímpeto. Cria-se ímpeto quando o estrategista torna um momento crítico e, por conseqüência, faz com que um acontecimento provavelmente seja bem-sucedido. Efetivamente, o estrategista "acumula tempo" e aplica-o a um momento específico. Essa "acumulação" é o resultado de uma concentração de impacto. O resultado é que a resistência parece inútil naquele determinado momento.

Caráter repentino. Trata-se da criação do momento inesperado. O estrategista deve fazer a oposição sentir que seu calendário é irrelevante e impor uma mudança de ritmo aos acontecimentos. O resultado é prevalecer por meio da surpresa.

Lapso. O estrategista deve fazer com que o tempo com que os outros contam passe sem conseqüências. O resultado é prevalecer porque os outros perdem a oportunidade do momento.

Momento importante. Trata-se da criação de um momento específico. O estrategista deve compreender a situação e o meio e ser capaz de criar um momento que se transforma numa conjuntura cristalizadora ou decisiva para as pessoas. O estrategista deve fazer com que outros momentos sejam irrelevantes para transformar um momento particular no mais importante.

Pré-tempo. Trata-se de estar à frente do tempo. O estrategista deve reconhecer o timing aparentemente natural das coisas e estar à frente do tempo. O resultado é a antecipação do timing dos outros.

O tempo pode ser utilizado para:

Opor-se à força. Newton explicou que a força é um produto da "massa" e da "aceleração". Na aplicação da força como recurso estratégico, a força é o resultado da quantidade (ou massa) de recurso e da aplicação (ou aceleração) desse recurso. Contudo, o insight importante para a aplicação da estratégia é o fato de o tempo poder compensar a força. Ele é independente do recurso. Se conseguirmos controlar o tempo, teremos como compensar uma falta de recurso. Por exemplo, podemos aplicar nosso recurso no momento perfeito para apanhar o adversário de surpresa e/ou levá-lo a aplicar sua força tarde demais.

Criar esforços positivos. O tempo é capaz de transformar resultados potencialmente negativos em resultados positivos. Pode permitir prever e controlar a ascensão de forças malignas, evitar o desperdício de um mau timing (inoportuno, infreqüente ou inexistente) e criar impacto por meio da decisão correta do timing, freqüência ou momento.

Controlar outros. O tempo pode permitir-nos controlar outras pessoas. Com um timing apropriado, teremos como fazer com que os outros desperdicem seus esforços, não aproveitem a oportunidade, sucumbam à nossa rapidez e se tornem irrelevantes.

Extrair valor. O uso superior do tempo permite-nos tirar valor de qualquer situação e meio. Por exemplo, podemos encontrar-nos no campo de batalha no momento certo, dominar o momento, criar o momento apropriado, surpreender nossos rivais, prever e impedir as ações de outros e controlar sua relevância.

Os estrategistas se tornarão especialistas no controle do tempo. Serão sensíveis à situação e ao meio e possuirão a capacidade de manipular o controle da utilização de seus próprios recursos e os de seu rival. O controle do tempo é um empreendimento complexo, porque requer a posse de informação exata sobre os recursos, posição e intenções do rival, assim como dos nossos. Por conseguinte, a utilização do tempo na estratégia se tornará um instrumento à disposição de todos, mas dominado por poucos.

CINCO: INTERLIGAÇÃO

No início do século XXI, dado o desenvolvimento da especialização em muitos campos, demonstrávamos pouca capacidade de desenvolvimento de uma visão mais holística das coisas. Por exemplo, no início do século XXI, a maior parte das pessoas pensava que o mundo estava segregado de uma forma que significava que os privilegiados podiam viver no Primeiro Mundo, vender seus produtos à maioria do Terceiro Mundo e ignorar a África. Os governos das principais nações protegiam seus interesses nacionais e as empresas envidavam todos os esforços para proteger os direitos de propriedade intelectual em face do que consideravam nações-piratas. Muitos analistas de investimento tornavam-se especialistas e davam conselhos sobre o movimento do capital do mundo com base, em grande medida, em pontos de vista sobre os produtos, empresas e indústrias. Ignoravam as mudanças que estavam tornando sua especialização limitada menos relevante, como o rápido aumento do número de acontecimentos perturbadores da ordem habitual, a convergência de tecnologias, o novo padrão de relações entre nações e a natureza interligada das coisas.

Obviamente, torna-se necessária uma visão mais completa, que abranja os setores da política, do governo, do comércio, do investimento e as questões pessoais, que não podem ser abordados utilizando os métodos de análise estratégica predominantes. Cada vez se torna mais necessário adotar uma linha de investigação mais sofisticada para encontrar as respostas que questionem pressupostos fundamentais (e as dúvidas limitadas neles baseadas) como:

- Apoiamos a globalização, o comércio livre e os mercados abertos de capitais porque esses são os fatores que nos tornaram bem-sucedidos; são as circunstâncias sob as quais vencemos. Os outros deveriam, realmente, abrir suas fronteiras e competir conosco? Como nós sabemos que venceremos?
- A resposta à estratégia é a diferenciação, o custo ou a focalização. Se cada um dos setores da minha corporação fizer uma destas três coisas, poderemos vencer na competição de mercado? Os acontecimentos capazes de alterar o jogo estão realmente tão afastados para terem importância?
- Eu venço, tu perdes é a ordem natural das coisas. É um fato que os indivíduos são desiguais. Se nos concentrarmos em um dos nossos atributos-chave – em nosso desempenho mental ou físico –, seremos realmente mais bem-sucedidos do que eles?

A tendência das atuais abordagens estratégicas consiste em limitar o âmbito da investigação por questões como as colocadas. Isso resulta de um grande número de fatores, entre os quais se contam as limitações de nosso desenvolvimento individual atual, deficiências emocionais e limitações tecnológicas. Não possuímos os métodos e as técnicas necessários para examinar nossa realidade, não possuímos a vontade de enveredar por uma via de investigação ampliada, profunda e complexa e não dispomos das máquinas necessárias para processar a informação que conseguimos recolher. No futuro, uma estratégia de interligação bem desenvolvida nos auxiliará a compreender melhor o impacto que exercemos no mundo e a reconhecer o elo entre as causas dos eventos. Como tal, irá nos permitir identificar padrões de causas e eventos.

Uma abordagem da estratégia baseada na interligação pode ser categorizada muito simplesmente em três tipos:

Estratégia da equação simples. Essa abordagem, atualmente predominante, simplifica as situações reduzindo-as a um número limitado de variáveis. Apenas as variáveis identificadas e compreendidas são incluídas.

Equação simples mais um fator "x". Essa abordagem simplifica as situações reduzindo-as a um número limitado de variáveis, mas reconhece que existe um fator desconhecido que pode levar o resultado a revelar-se diferente do imaginado. Tais abordagens são freqüentemente utilizadas e vão desde a simples análise de sensibilidades (a sensibilidade do resultado às mudanças em variáveis individuais) à análise de situações hipotéticas (o resultado baseado em diferentes situações hipotéticas construídas a partir de uma combinação de variáveis) e à análise de riscos (o resultado baseado na análise do impacto dos riscos que alteram a situação).

Teoria do caos. Essa abordagem defende que, inerente a todos os eventos, encontra-se um efeito incidental que não podemos prever. A teoria está em fase nascente e procura identificar padrões em comportamentos que parecem casuais. Ainda não foi traduzida em métodos estratégicos.

Será necessário ultrapassar uma série de obstáculos antes de podermos avançar para uma abordagem da estratégia fundada na interligação. Os obstáculos se estabelecem nos seguintes pressupostos que formam a base da visão de mundo dos estrategistas:

O pressuposto da dependência. Tais estrategistas partem do princípio de que existe uma dependência unívoca. Geralmente, encontram-se em posições dominantes em seus países, indústrias ou meio. Esse fato leva-os a acreditar que são os responsáveis pela mudança. Conseqüentemente, em seus modelos de planificação, consideram-se subconscientemente o fator mais importante em suas deliberações.

O pressuposto da co-dependência. Tais estrategistas partem do princípio de que existe uma dependência biunívoca e que seu papel consiste em estabelecer estratégias para lidar com uma série de interações biunívocas: entre os clientes e eles próprios, entre os fornecedores e eles próprios, entre os empregados e eles próprios, entre os aliados e eles próprios, entre os inimigos e eles próprios.

O pressuposto da multidependência. Tais estrategistas partem do princípio de que existe uma dependência múltipla e que é de importância crítica examinar as comunidades de interesses, como coalizões numa guerra, os segmentos de clientes e as regiões do mundo.

Na ausência de capacidade computacional para processar o grande número de variáveis em nosso meio e da consciência descrita nas histórias da iluminação espiritual de Buda, existe a necessidade de desenvolver as qualidades e os métodos que permitirão aos estrategistas examinar as causas e os efeitos interligados de forma mais sofisticada e desenvolver estratégias baseadas nesse conhecimento. Uma visão mais interligada terá de examinar e utilizar as seguintes causas:

Desencadeadores. Os eventos desencadeadores cristalizam um resultado provocando a ocorrência de um evento antes do tempo previsto segundo as visões convencionais da interpretação de tendências. Talvez mais do que qualquer outro evento, o ataque à Embaixada americana no Irã em 1979 cristalizou uma conscientização global de um Islã mais “fundamentalista”. Os Mestres da Estratégia desencadearão eventos em vez de seguirem tendências.

Ambições. Necessitamos de formas analíticas e intuitivas de examinar as ambições dos líderes. Temos de ser capazes de explicar os elos entre razão, objetivo, alvo, visão, aspiração e métodos formais de tomada de decisões. Por exemplo, as decisões de construir pirâmides, computadores e impérios contam-se entre as provas mais óbvias e dramáticas das ambições dos nossos líderes. A formulação de estratégias sem uma compreensão das ambições de nossos adversários resulta na incapacidade de compreender um dos impulsos mais importantes da estratégia. Os Mestres da Estratégia terão uma compreensão mais clara de suas próprias ambições e das ambições de seus rivais.

Ações. Com freqüência, concentramo-nos nas ações dos outros sem considerarmos como as nossas poderão tê-las causado. Os islamitas apontaram a ação da ONU de estabelecer o Estado de Israel em 1947 como o motivo do ódio generalizado aos americanos no Oriente Médio islâmico. Obcecadas pelo seu próprio ódio, muitas pessoas não buscam as causas do ódio que os seus inimigos sentem por elas. Os Mestres da Estratégia recorrerão a formas mais sofisticadas de examinar as ações e suas conseqüências. Compreenderão que as ações provocam outras ações.

Eventos espontâneos. Os eventos espontâneos são causas para as quais não temos explicação, dada nossa compreensão atual do mundo. Por exemplo, entre os eventos aparentemente espontâneos e, por conseqüência, perturbadores da ordem prevista, encontram-se os desastres naturais, as crises dos mercados de ações, os resultados eleitorais inesperados e os assassinatos. Os Mestres da Estratégia levarão em consideração o papel potencial das forças perturbadoras e se concentrarão mais na adaptação do que na previsão.

Leis naturais. As leis naturais parecem criar ímpeto em certa direção. Ao derrubarmos novas barreiras da ciência, nossa compreensão das leis naturais aumenta. Assim, podemos começar a apreciar a direção predominante da força da natureza. O Mestre da Estratégia compreenderá melhor a natureza e a direção "natural" das coisas e a utilizará para criar uma força maior por detrás de suas estratégias.

De igual modo, os estrategistas que formem uma visão da interligação necessitarão também examinar e utilizar os efeitos. Os efeitos enquadram-se nas seguintes categorias:

Multiplicador. Ocorre um efeito multiplicador quando uma causa resulta num número inesperadamente elevado de efeitos. Para obter um efeito multiplicador, o estrategista necessitará levar outras pessoas a reagir a um evento de forma consciente ou inadvertida.

Dominó. Ocorre um efeito dominó quando uma causa leva a uma cadeia de efeitos na qual cada um deles quase inevitavelmente desencadeia outro, que, por sua vez, rapidamente desencadeia outro e assim sucessivamente. Para obter o efeito dominó, o estrategista tem de construir causas que conduzam a uma reação em cadeia. Necessita ser capaz de criar ímpeto, de compreender suficientemente o timing e o controle do tempo de modo a manter um elo entre cada um dos eventos. Um efeito dominó bem-sucedido cria o impacto psicológico de "inevitabilidade" nas mentes dos participantes.

Programado. Um efeito programado é aquele que é predeterminado para assumir uma forma específica, dada uma causa particular. O estrategista deve controlar os principais fatores envolvidos a fim de predeterminar o impacto de uma causa sobre uma situação. Devido ao papel dos fatores incontroláveis em qualquer situação, seria mais exato dizer-se que o papel do estrategista consiste em criar efeitos quase programados ou a ilusão de efeitos totalmente programados.

Reação. Esse efeito assume a forma de reações instintivas ou compulsivas a causas. O estrategista deve levar em consideração a natureza das coisas para que as causas subjacentes sejam compreendidas e, sempre que necessário, selecionar as que resultem em reações específicas requeridas.

Espontâneo. Os efeitos espontâneos resultam de causas para as quais não possuímos explicação, por causa de nossa atual compreensão do mundo. Para criar efeitos espontâneos, o estrategista teria de possuir a capacidade de desencadear eventos caóticos. Os eventos caóticos são aqueles cujas causas não são facilmente identificáveis. Trata-se de uma estratégia perigosa, pois conduz a resultados imprevisíveis. Entre esses desencadeadores contam-se as reduções dramáticas de preços com as vendas em alta ou o lançamento de um ataque de preempção contra um inimigo marginal a fim de enviar a nossos inimigos mais temíveis a mensagem de que somos imprevisíveis e poderosos.

Existe um componente altamente analítico na prática de estratégias de interligação, já que, para ser eficiente, o estrategista deve compreender as séries subjacentes de causas e efeitos. Quando os supercomputadores se encontrarem disponíveis ao público, estaremos mais perto de desenvolver alguns dos ingredientes para esse tipo de análise. Entretanto, a coleta sistemática de dados, o reconhecimento de padrões, a intuição e a imaginação desempenharão um papel de importância crítica nessa forma de estratégia. Nas tradições mais antigas da meditação, aludia-se a esses estrategistas como estudantes da "essência de todas as coisas". Considerava-se que os Mestres da Estratégia eram aqueles que compreendiam os elos entre os eventos ou, como diziam os velhos mestres de meditação, os espaços entre eventos, permitindo-lhes assim reconhecer a interligação de todas as coisas e, dessa forma, discernir melhor as conseqüências da ação.

SEIS: ESTRATÉGIA COMO ESTADO ADAPTATIVO

Conseguirão os Estados Unidos ultrapassar as duas primeiras décadas do século XXI mantendo o *status* de superpotência líder do mundo? A China se transformará na principal força de contrapeso? Conseguirá a Índia transcender a incompetência de seus políticos na libertação do potencial de mais de 1 bilhão de indianos? A Europa se tornará apenas um lugar ótimo onde saborear os frutos da história e da civilização? Continuará a África a viver em crise? Os japoneses voltarão a marcar lugar nos mercados mundiais após o declínio do final do século XX? Não é possível responder a estas questões utilizando os métodos de análise estratégica existentes. Cada vez se torna mais necessário adotar uma linha de investigação mais sofisticada para encontrar a resposta a questões fundamentais, como por exemplo:

- Poderão as superpotências, impérios e países com elevado desempenho manter sua estratégia de grandeza para sempre?
- Poderão as companhias com elevado desempenho manter sua estratégia de obtenção de resultados superiores além da vida do seu líder visionário?
- Poderão os indivíduos que dão provas de excelência em uma coisa continuar sendo excelentes se os retirarmos do seu campo de excelência?

A história recorda-nos que um grande passado não é garantia de grandeza futura. As crônicas de impérios políticos e mercantis e de grandes personalidades contam-nos, todas, a mesma história. As fórmulas do passado fornecem algumas indicações do que era necessário para sobreviver numa época diferente. Na verdade, o termo "fórmulas" transmite a idéia de sobrepor um esquema teórico estático a uma realidade em movimento. No entanto, os teóricos estratégicos continuam a promulgar fórmulas, embora seja sua utilização a própria inimiga da sobrevivência. Novas circunstâncias exigem novos esquemas conceituais e novos padrões de comportamento. As entidades já existentes têm dificuldade em mudar e, por essa razão, são ultrapassadas por recém-chegadas cuja principal característica distintiva é a capacidade de se adaptar. No futuro, teremos de compreender melhor a adaptabilidade. Existem três fatores que testam a adaptabilidade por meio do *status quo*:

Forças impotentes. Sob o ataque dessas forças, o alvo não tem necessidade de mudar para sobreviver. Tais forças são, por natureza, ineficazes; não possuem a potência necessária para constituir uma ameaça. No entanto, parecem, freqüentemente, potentes e, assim, muitas pessoas reagem a elas e desperdiçam suas forças. Na história, muitos imperadores conduziram seus exércitos para a batalha sem perceberem sua impotência perante uma força muito superior. Na construção de seu império, os romanos derrotaram repetidamente forças impotentes desse tipo.

Forças importantes. A ameaça dessas forças é potente e, quando atacam, o alvo tem necessidade de se adaptar para sobreviver. Varrendo de seu caminho forças que se revelaram impotentes diante de seu exército, Hitler defrontou-se com uma força importante – a dos britânicos.

Forças de choque. Tais forças transformam a própria situação e o alvo torna-se irrelevante. As entidades que sobrevivem são suficientemente diferentes das anteriores para sobreviverem e prosperarem na nova situação. No Vietnã, em Mogadíscio e na fase inicial da segunda Guerra do Iraque os americanos depararam com forças que os surpreenderam. Encontravam-se mal preparados para as táticas do inimigo.

Os vencedores perdem quando não compreendem com quais das forças descritas estão se defrontando e não reagem de forma apropriada. Conseqüentemente, a natureza do desafio consiste em adaptar-se com uma força e rapidez adequadas à alteração verificada no meio. As estratégias que sobrevivem instilarão capacidades de importância crítica em suas entidades e criarão o Sistema Adaptativo Inteligente que exploramos anteriormente. Em ordem ascendente de superioridade, as opções de capacidades são as seguintes:

Capacidade retaliatória. Essa estratégia instila um comportamento retaliatório na entidade como resposta "natural". Uma instituição (equipe, comunidade, corporação econômica ou governo) que siga essa estratégia inclina-se naturalmente para a retaliação em face de um ataque, acreditando que, se seguir apenas uma estratégia defensiva, o ataque poderá prolongar-se indefinidamente. A estratégia implica o envio de uma mensagem para deter ataques posteriores; a retaliação tem forte potencial de deter o ataque ou, em certas circunstâncias, fazer subir a aposta, resultando num agravamento da situação que requer um comportamento abusivo para sustentar a posição.

Capacidade abusiva. Essa estratégia caracteriza-se pela disposição de abusar da posição de poder a fim de manter uma situação ou estado de coisas. Sua forma é variável, incluindo competição predatória, alterações ou interpretações incorretas das leis para evitar a participação de outros ou justificar estratégias abusivas e a utilização da posição para forçar o boicote e a intimidação de novos intervenientes. Tal entidade tende, naturalmente, a abusar do seu poder e justificar perante si própria a validade de seus métodos. Como foi exposto, quando um sistema deixa de ser adequado, sua posição não é sustentável sem abuso de poder. Obviamente, o abuso de poder não é sustentável quando existe grande número de vítimas dispostas a fazer seja o que for para derrubar os que abusam delas.

Flexibilidade. Essa estratégia caracteriza-se pela capacidade de mudar com as circunstâncias. Uma instituição que a siga tende a naturalmente ser flexível em face de mudanças em seu meio. Possuirá a capacidade potencial de evitar perder terreno por meio da alteração de sua própria posição, evitando assim as estratégias abusivas que a maioria das entidades impulsionadas pelo ego julga necessárias. Contudo, embora a flexibilidade seja um ingrediente-chave da sobrevivência, resulta em uma falta de confiança quando não existe um objetivo ou um objetivo consensual.

Fluidez. Essa estratégia requer uma capacidade de mudança de forma suave, de maneira que a organização esteja permanentemente aperfeiçoando sua posição. Uma instituição com essa característica nunca adota uma posição fixa. A fluidez é uma extensão da estratégia flexível. A diferença fundamental consiste na ausência de uma posição que necessite alteração substancial.

Capacidade revolucionária. Essa estratégia requer a instilação da capacidade de revolta para desencadear uma mudança em grande escala. Uma instituição com essa capacidade tende a pôr em questão e a derrubar seu próprio sistema e a adotar um outro, mais adequado. Está disposta a sofrer as perdas significativas da transição inerentes à destruição dos líderes existentes e de suas abordagens. As revoluções do século XX na Rússia, no México e na China alertaram os futuros líderes para a possibilidade de suas populações se encontrarem instiladas por um potencial revolucionário.

Capacidade evolutiva. Essa estratégia instila a capacidade de evoluir. Uma instituição com essa capacidade tende naturalmente a encontrar a forma seguinte e a permitir a si própria adotar essa forma. A diferença fundamental em relação à capacidade revolucionária é o fato de o custo da transição ser menos elevado. Em última instância, a entidade resultante pode ser a mesma. O desafio consiste em manifestar abertura perante a enormidade da mudança potencial. A natureza faculta os paralelos mais interessantes para essa forma de estratégia: o ser que rastejava não tinha qualquer concepção de sua capacidade de andar e este, por sua vez, não tinha qualquer concepção de sua capacidade de voar. Contudo, o potencial para cada uma dessas atividades encontrava-se presente no ser precedente.

A maior ameaça para quem é bem-sucedido é a veneração do sucesso como ideologia. É de importância crítica que reconheçamos que, dado o enorme número de entidades, alavancas e movimentos potenciais nessas entidades a qualquer momento, não é possível criar continuamente estratégias de resposta. Como exploramos pormenorizadamente no capítulo anterior, na discussão sobre os Sistemas Adaptativos Inteligentes, o objetivo deveria ser criar um sistema bem-sucedido. Conseqüentemente, o papel do estrategista consiste em construir o sistema de tal forma que esteja capacitado para sobreviver. Isso implica a construção de capacidades no sistema. Como um engenheiro de sistemas, o estrategista terá de especificar, planificar e organizar a criação do sistema, implementar, supervisionar, aperfeiçoar, destruir e reconstruir o sistema.

A futura investigação estratégica necessitará se concentrar no papel do Mestre da Estratégia como alguém que cria sistemas em evolução.

SETE: O PAPEL DA HUMANIDADE

A espécie humana está destruindo os ativos do planeta – a terra, a água, os minerais, os povos, os animais, as plantas e o ar – mas não possui estratégias adequadas para sua substituição. Embora, de acordo com determinado ponto de vista, a humanidade seja uma peste sobre a Terra, segundo outro, apesar de alguns desequilíbrios, ela é o agente transformador de materiais básicos em formas mais elevadas e, por conseguinte, seu efeito geral é positivo. Não é possível abordar essas questões utilizando os métodos de análise estratégica existentes. Cada vez se torna mais necessário adotar uma linha de investigação mais sofisticada para encontrar as respostas para questões fundamentais, como por exemplo:

- Será possível criar uma civilização que gere paz, prosperidade e liberdade para toda a humanidade assim como para as outras espécies?
- Será possível criar nações que partilhem umas com as outras os seus ativos materiais e intelectuais e, mesmo assim, continuem a renovar esses ativos?
- Será possível criar organizações que maximizem as oportunidades e o desenvolvimento dos que participam nelas?
- Será possível criar indivíduos que sejam equilibrados em sua relação consigo próprios, com seus entes queridos e com as outras pessoas?

Uma série de estudos tentou calcular o número máximo de pessoas cuja vida o nosso planeta poderia sustentar. Se os habitantes da Terra vivessem no nível de riqueza dos Estados Unidos, com todas as liberdades a ele associadas e poucas restrições relativamente ao comércio, à poluição, à utilização dos recursos da Terra e comportamento pessoal, o planeta poderia sustentar 500 milhões de pessoas. Se acrescentarmos algumas restrições ao comércio, poluição, utilização dos recursos da Terra e comportamento, limitando a economia "aberta", o planeta poderia sustentar a vida de 2 bilhões de pessoas.[2] Se acrescentarmos uma reciclagem maciça, restrições à utilização de automóveis por meio do racionamento de gasolina, restrição dos transportes, até mesmo de produtos alimentares, proibição de cortar árvores, imposição de limites à utilização de combustíveis fósseis, limitação de zonas de espaços abertos até mesmo para centrais de energia renovável a fim de preservar zonas naturais para a geração de oxigênio atmosférico e cultivo de alimentos e ocupação em grande escala de telhados e parques de estacionamento com painéis de produção de energia solar, é possível sustentar 4 bilhões de pessoas no nível de riqueza dos americanos. Se estivermos dispostos a aceitar que apenas os habitantes dos Estados Unidos e da Europa deveriam manter seu nível de riqueza atual e que todas as outras pessoas viveriam no nível de prosperidade atual do México, a Terra poderia sustentar 6 bilhões de pessoas. Se todos vivêssemos no nível de prosperidade atual do México, haveria sustento para 20 bilhões de pessoas. Se nosso nível de "prosperidade" fosse o do nordeste africano de hoje, poderíamos sustentar 40 bilhões de pessoas.[3]

Por conseguinte, uma das hipóteses é que, dada a forma como vivemos atualmente, no futuro talvez não exista algo semelhante a uma lei humana superior, mas apenas uma regra de sobrevivência baseada no peso dos números. À medida que a população aumentar, talvez nossas liberdades, valores elevados e direitos tenham de ocupar uma posição subalterna relativamente à luta mais básica dos primeiros seres humanos: a sobrevivência.

O pensamento estratégico de longo prazo de importância mais crítica terá de se concentrar em estratégias para sistemas globais, como o ecossistema. Já sabemos que os sistemas de geração de riqueza sem sistemas de distribuição de riqueza não conduzem a modelos sustentáveis para a sociedade: as revoluções operárias do século XX na Rússia e na China foram motivadas por essas desigualdades. A estratégia para o planeta terá igualmente de se concentrar no "sistema" do planeta e na interação com e entre outros sistemas, tais como político, comercial e econômico.

A fim de desenvolver estratégias para esses sistemas e para as interações entre eles, teremos tanto de identificá-los como a natureza das interações. Existem muitas formas de classificar esses sistemas. Uma delas consiste em categorizá-los como cinco sistemas hierárquicos. Cada nível na hierarquia possui pontos de intervenção que proporcionam ao Mestre da Estratégia certas formas de influenciar o sistema. Embora exista um grande número de fundamentos para explorar um tópico tão extenso como este, conduziremos nossa exploração a partir da perspectiva da humanidade.

Assim, os sistemas e a ligação entre eles provêm do seguinte:

- A base do sistema geral é o Indivíduo. Interesses comuns levam o Indivíduo a formar Células.
- O nível seguinte é a Célula: unidade organizacional de Indivíduos. A interdependência as leva a se combinar para formar um Povo.

- O nível seguinte é o Povo: comunidades de Células. A necessidade mútua, em especial as trocas comerciais, os leva às Alianças.
- O nível seguinte são as Alianças: coalizões e comunidades de interesses e idéias. As vitórias e as derrotas as levam a se tornar Civilizações.
- O nível final, do ponto de vista da humanidade, é a Civilização: a força dominante de uma época, atingindo um equilíbrio que permite, simultaneamente, a coexistência de outros e a afirmação de seus próprios valores.

Dependendo do nível no qual opera, o estrategista tem cinco pontos ou cinco papéis que lhe permitem intervir para desenvolver o sistema:

1. ***Desenvolvimento pessoal***. O objetivo consiste em desenvolver indivíduos aptos, com capacidade para se adaptar e, por conseqüência, para sobreviver.
2. ***Desenvolvimento da organização***. O objetivo consiste em desenvolver uma organização apta.
3. ***Desenvolvimento de fatores***. O objetivo consiste em desenvolver comunidades e os recursos que lhes permitem viver em harmonia com o seu meio.
4. ***Desenvolvimento de crenças e comportamentos***. O objetivo consiste em desenvolver alianças cooperativas mutuamente benéficas entre comunidades.
5. ***Desenvolvimento de interligação***. O objetivo consiste em desenvolver a civilização de modo a poder existir no contexto do sistema total.

Quando as estratégias se concentram no desenvolvimento, acrescentamos valor ao todo. Por conseguinte, tanto cada parte do sistema como cada indivíduo tem uma contribuição a dar enquanto unidade básica do todo. Cada uma das unidades pode ser estratégica. A história do homem, desde que evoluiu de mero caçador, tem passado pela formação de estruturas centradas nele e que o colocam em conflito direto com seu meio. Com os avanços da tecnologia, o homem tem se tornado mais capaz de alterar o meio segundo suas necessidades.

Essas alterações têm tomado a forma de enormes metrópoles, plataformas petrolíferas, aeroportos e projetos de desflorestamento. Ao longo de muitos milênios, essa estratégia resultou naquilo a que, no final do século XX, se chamou um "desenvolvimento insustentável".

O desenvolvimento sustentável requer estratégias que façam avançar o sistema segundo o qual vivemos no planeta. Requer que o homem desenvolva estratégias para desenvolver modos de vida (desenvolvimento de povos ou pessoas), organização (desenvolvimento organizacional), recursos (desenvolvimento de fatores), cooperação (desenvolvimento de crenças e comportamentos) e existência (desenvolvimento de interligação) mais sustentáveis.

AGENDA PARA SUPERAR AS LIMITAÇÕES DA ESTRATÉGIA

Quando cada uma das vias estratégicas acima delineadas tiver sido explorada por estrategistas pioneiros, chegaremos a novos princípios, esquemas conceituais, técnicas e ações estratégicos, que não tardarão a transformar-se em moda e, então, necessitaremos começar de novo. Para o fazer, teremos necessidade de um tipo de estrategista capaz de criar novas técnicas, novas abordagens e novos estados de existência que permitam às pessoas e instituições viver em paz, prosperar e ser livres.

Para superar nossas limitações atuais, necessitamos alcançar a continuidade, o que evitará que nos tornemos demasiado dependentes de estratégias ultrapassadas. Essa capacidade de renovação requer pensamento, mudança e continuidade. Temos necessidade de um desenvolvimento contínuo de nosso pensamento para podermos desenvolver estratégias do tipo descrito nesta seção, de mudanças contínuas para não nos tornarmos estáticos e inflexíveis em face das enormes mudanças com que deparamos e do desenvolvimento contínuo da civilização dos seres humanos para vivermos de forma mais sustentável.

Não existem inovações permanentes no pensamento, nem mudança duradoura, e não existe qualquer estado eterno. A agenda do Mestre da Estratégia consiste em transformar indivíduos, instituições e relações. No capítulo seguinte, examinaremos o que é necessário para criar esses estrategistas.

6

A CRIAÇÃO DE MESTRIA

> "Os estrategistas são produzidos por meio da superação de barreiras. O nível no qual operam é determinado pelas oportunidades. Essas podem surgir ou ser criadas pela própria pessoa ou por instituições. Para maximizar as chances de transformar o talento em mestria, as oportunidades têm de ser institucionalizadas. Devem colocar-se todos os obstáculos possíveis no caminho desse talento, de forma a possibilitar seu teste, eliminação e aperfeiçoamento."
>
> *O livro do poder, dos objetivos e dos princípios*

A NECESSIDADE DA CRIAÇÃO DE MESTRIA

Neste capítulo será exposta a agenda para abordar o grande número de desafios descritos neste livro:

- Poderemos alcançar paz, prosperidade e liberdade por meio das instituições existentes?
- Poderemos defrontar os desafios que nos são colocados sem existir um reservatório vasto e profundo de talento estratégico?
- Será possível criar um reservatório de talento ou este só pode ser selecionado?
- Quais são as condições nas quais surgem mais talentos estratégicos?
- Qual é o papel dos líderes na criação das instituições e do talento necessários para aproveitar as enormes oportunidades que surgem e combater as ameaças com que nos defrontamos?
- Qual é o papel do indivíduo na criação de mestria?
- Será possível acelerar o processo de criação de mestria?

Quantas guerras a mais serão necessárias antes de aprendermos a paz? Quantos outros sistemas feudais de empresa antes de aprendermos a prosperidade? Quantos regimes injustos a mais antes de aprendermos a honrar a liberdade? Não parecemos capazes de aprender com nossas experiências com suficiente rapidez, e os acontecimentos estão mudando cada vez mais depressa. Essas mudanças são fenomenais devido à escala e natureza potenciais do seu impacto, que pode ser descontínuo, múltiplo e abranger causas e efeitos interligados. Essas mudanças estão reconfigurando o ambiente em que vivemos atualmente e, por conseqüência, cria-se um fosso entre a natureza do desafio e nossas capacidades. Com a passagem do tempo, esse fosso se expande. À medida que isso acontece, tornamo-nos cada vez menos aptos a fechá-lo.

Essa situação coloca um pesado fardo sobre os ombros dos líderes e dos próprios indivíduos, obrigando-os a proceder a uma avaliação, formar um ponto de vista e participar da mudança. Temos de avaliar se as instituições existentes podem criar respostas adequadas para abordar essas questões fenomenais e, em caso negativo, se nossos líderes serão capazes de as (re)inventar. Temos, igualmente, de avaliar se nossos estrategistas têm habilidade para organizar nossa resposta a essas questões e, em caso negativo, se nossos líderes poderão desenvolver tal capacidade. Temos, ainda, de avaliar se nós como indivíduos seremos capazes de lidar com essas questões e, em caso negativo, se poderemos desenvolver nossas próprias capacidades.

A experiência pela qual estamos passando é de grande profundidade, porque constitui o maior desafio à nossa civilização. Infelizmente, não possuímos instrumentos de análise ou uma "superconsciência" em quantidade suficiente que nos permita compreender o impacto desse desafio.

Atualmente, dispomos de mais interligações, conhecimentos, prosperidade, recursos e, por conseguinte, de mais poder do que nunca. Com todo esse poder, fechamos um círculo e voltamos à necessidade de sobrevivência e segurança. A qualidade das nossas estratégias determinará o resultado que obteremos. Infelizmente, as estratégias existentes – em áreas tão fundamentais como as relações internacionais, as trocas, a assistência, o comércio, as questões nacionais, as relações comunitárias e pessoais – estão mais uma vez criando situações e sistemas que não têm condições de sobrevivência.

A resposta apropriada a uma mudança fenomenal como essa tem de ser descontínua, múltipla e interligada. O que conduzirá à criação de uma nova civilização. Em períodos anteriores, o mundo já passou por transições conturbadas para novas civilizações. Assim, de certa forma, essa situação não é diferente das vividas em épocas passadas. Nosso desafio consiste em ver como poderemos avançar sem desperdiçar excessivamente o que possuímos.

A AGENDA PARA A MESTRIA

Na área dessa mudança existe um componente institucional e um outro, pessoal. Esses desafios não serão satisfeitos sem mudanças fundamentais em nove áreas-chave:

1. Nossa visão de mundo
2. A base das nossas estratégias
3. A linguagem e conceitos que utilizamos
4. As instituições que implementam estratégias
5. As características e qualidades dos nossos líderes
6. Nossos métodos e técnicas
7. Os padrões da nossa interação
8. A disponibilidade dos estrategistas para seguir uma via de desenvolvimento rigorosa
9. Nossa capacidade de ultrapassar a estratégia

Nova visão de mundo

As pessoas dividem-se em duas categorias: as que identificam a necessidade de uma mudança fundamental e as que não reconhecem essa necessidade. Estas últimas ocultam seu receio de mudança justificando-se com a adequação das instituições, dos líderes e dos estrategistas existentes, e dos seus métodos e técnicas. Afirmam que já estamos implementando as mudanças necessárias e sua posição depende de outros acreditarem nelas. Sem essa crença, estamos prontos para mudar. O medo, combinado com a ilusão de continuidade, anestesia nossa sensibilidade e abafa nossos instintos mais profundos. É necessário que as ilusões de segurança sejam destruídas para sermos forçados a agir. Tem de ser configurada uma nova visão do mundo por Mestres da Estratégia, combinando componentes analíticos e intuitivos. Essa combinação permitirá que se formem padrões a partir dos dados fundamentais e se identifiquem novas vias potenciais. Entre os exemplos de padrões derivados de elementos já presentes encontra-se uma série de novas possibilidades para as primeiras décadas do século XXI:

- O assassinato de um líder político importante, que poderia ser americano, britânico ou russo, devido às forças de oposição ao regime presentes dentro ou fora de cada um desses países.
- O envolvimento dos Estados Unidos numa crise de liderança em um dos países aliados menos estáveis, como, por exemplo, o Paquistão, crise devida ao apoio concedido aos Estados Unidos pelo líder paquistanês durante a Guerra do Afeganistão na seqüência do 11 de Setembro e aos sentimentos profundamente antiamericanos dos seus compatriotas.
- A queda de um dos governos do grupo BRIC (Brasil, Rússia, Índia e China), devido a seu crescimento econômico meteórico, abalando os alicerces do crescimento internacional.
- O colapso da moeda americana (à semelhança do que aconteceu com a libra esterlina acompanhando o declínio do *status* de superpotência da Grã-Bretanha após a Segunda Guerra Mundial) em conseqüência das dúvidas persistentes sobre as políticas econômica e externa dos Estados Unidos.
- O colapso de um dos principais países do petróleo, desencadeando uma crise petrolífera e um conflito internacional.
- Um fracasso dos Estados Unidos semelhante ao que ocorreu em Mogadíscio em 1993, anunciando o fato de esse país ser cada vez mais falível.
- Uma crise de confiança em importantes corporações e investidores americanos – acompanhando a continuação das investigações financeiras e regulatórias – que resulte numa crise de confiança em relação aos mercados americanos.

- Sabotagem de redes financeiras e de comunicação vitais por parte de inimigos da globalização e da rede da al-Qaeda.
- Um conflito entre os Estados Unidos e o regime iraquiano estabelecido pelos Estados Unidos, em conseqüência da adoção, por esse regime, de políticas contrárias aos interesses dos Estados Unidos, tanto no país como na região.
- Os Estados Unidos sentirem-se obrigados a "tratar" da questão das centrais nucleares do Irã.
- O impacto debilitante de uma grande ameaça à saúde pública ou o alastramento da Aids em uma parte do mundo em tal escala que esta parte do mundo se transforme numa zona internacional interdita.
- Um vazamento de petróleo, uma explosão nuclear ou um acontecimento que destrua enormemente a camada de ozônio acidental ou intencionalmente, provocando um impacto devastador em nosso meio ambiente e assinalando uma mudança de ritmo na aceleração do declínio da aptidão do nosso planeta para sustentar vida.

A formulação de visões de mundo convincentes, que cativem a imaginação das massas e permitam ao Mestre da Estratégia capturar o momento, constitui uma tarefa difícil. Requer que os candidatos certos "desabrochem" sob condições adequadas. Não podemos acalentar a esperança de que surjam apenas Mestres da Estratégia benevolentes. Em vários momentos ao longo da história, as circunstâncias foram e continuarão sendo favoráveis ao aparecimento de um imperador, de um Mestre da Estratégia. Uma possível interpretação da história é que Alexandre, Genghis Khan, Átila, Tokugawa Ieyasu e Hitler surgiram quando as circunstâncias eram propícias ao seu domínio. Tokugawa Ieyasu, o xogum japonês, apoderou-se do poder no seguimento das tentativas de dois grandes generais – lordes Hideyoshi e Nobunaga, que comandaram batalhas sangrentas de unificação por todo o Japão – para estabelecer um império dinástico que perduraria por 264 anos. Tomemos como exemplo uma interpretação da história da nossa época para ilustrar quais poderiam ser as condições propícias a uma situação semelhante no século XXI. As condições que ilustram esse conceito são as seguintes:

- A primeira condição seria a demonstração da capacidade de atacar o centro da única superpotência indisputada, os Estados Unidos. Esta capacidade foi demonstrada pela pequena força de revolucionários que derrubou as Torres Gêmeas em Nova York, em 11 de setembro de 2001.
- A condição seguinte seria a prova de que tais atos contavam com o apoio potencial de grande parte do mundo islâmico, porque este tinha um inimigo comum. Seria demonstrado que esse apoio existia no seio da própria superpotência, nos territórios dos seus aliados, no Oriente Médio e no sudeste asiático.
- Os Estados Unidos empreenderam ações de retaliação contra os seus inimigos no Afeganistão e conseguiram obter o apoio popular da comunidade internacional. Estiveram prestes a unir o mundo por um objetivo mais elevado: libertá-lo do terrorismo. Contudo, devido à forma como conduziram a campanha contra seu alvo seguinte, o Iraque, que foi questionada tanto pelos seus aliados como pelos seus inimigos, perderam a oportunidade de liderar o mundo. É essa a condição seguinte.
- Uma condição importante seria a prova de que a posição moral dos Estados Unidos era mais amplamente questionada. Essa condição seria verificada por meio de uma série de julgamentos feitos na mídia por todo o mundo e também de julgamentos efetivamente realizados no próprio país que pusessem em dúvida a conduta americana. Os Estados Unidos aparentariam ter-se mostrado dispostos a reinterpretar suas próprias leis relativamente à detenção e aos direitos dos seus cidadãos e a desafiar e violar princípios internacionais comumente aceitos.
- A condição seguinte seria demonstrar a outros a maneira de resistir ao poder. A resistência no Iraque indicou essa via. Tornou-se claro que existia um processo de manobras para desviar a atenção, iludir e atrair para armadilhas que poderia confundir e frustrar uma superpotência.
- Facções de resistência iraquianas conduziram bombardeios, seqüestros, pedidos de resgate, torturas e decapitações e infligiram graves danos colaterais a civis. Essas ocorrências não só antagonizaram os aliados dos americanos que se haviam manifestado contra o seu país, mas também seus próprios potenciais apoiadores.

Assim, enquanto a primeira onda de ataques contra os Estados Unidos demonstrou o que funciona quando se ataca o inimigo, a onda seguinte demonstrou o que não funciona. Assistiu-se à demonstração de como desperdiçar a oportunidade de unir grande parte do mundo islâmico. Esse fracasso constituiu uma importante lição para os que pudessem ocorrer na seqüência.

- O Irã começava a surgir como a nova superpotência do Oriente Médio. Contava com uma história antiga persa de grande riqueza, tanto em campanhas militares como na cultura, nas artes e nas ciências. Nos tempos modernos, o Irã possuía um território de grandes dimensões, uma população substancial, um programa nuclear e, talvez o fator mais importante, petróleo. Apresentava-se como uma formidável força potencial. Seu petróleo levava a China, a superpotência nascente, a sentir-se atraída pela perspectiva do desenvolvimento de relações comerciais e a tornar-se uma potencial barreira futura a ações de preempção dos Estados Unidos. A principal condição final era a criação de uma força considerável e relativamente segura no Oriente Médio.

Embora no início do século XXI os Estados Unidos fossem potencialmente a maior força para o "bem" no mundo, os seus motivos eram freqüentemente questionados, minando assim sua capacidade de concretizar esses objetivos. Contavam com pontos fortes que ultrapassavam substancialmente os de outros países e os tornavam uma força potente. Entre os fatores positivos a favor dos Estados Unidos estavam a força e as dimensões dos seus mercados de capitais, suas corporações econômicas dominantes, capacidade militar, inovação e liderança científica, uma indústria de meios de comunicação extraordinariamente criativa e imaginativa e a natureza otimista e em geral positiva do seu povo. Estes fatores positivos podiam resultar num efeito dominó de paz e liberdade por todo o Oriente Médio e, em seguida, pelo resto do mundo.

Levando em consideração as condições propícias descritas, as duas primeiras décadas do século XXI deveriam apresentar uma das maiores oportunidades para o aparecimento de um "imperador". Esse imperador poderia ser um americano. Contudo, a situação hipotética com potencial para abalar o mundo seria o aparecimento de um imperador no mundo islâmico. Os Estados Unidos poderiam reagir adotando uma linha mais dura. Esse endurecimento não seria apenas dirigido contra os seus inimigos, mas também contra rivais econômicos como a China. Que poderia adotar igualmente uma linha mais dura. No contexto desse endurecimento de posições, a relevância da Europa seria desafiada.

Seria necessário uma Estratégia Mestra para evitar que as circunstâncias continuassem a promover o crescimento e a ascensão de tal imperador ou para transformá-lo em uma força benévola.

Os livros antigos das grandes religiões eram venerados pela sua sabedoria. Chegou de novo o momento para uma grande sabedoria. É possível um grande número de visões de mundo convincentes, o momento pode ser aproveitado e novas vias criadas, porque os elementos requeridos para todas as vias encontram-se sempre presentes. Tanto a introspecção como a extroversão são necessárias para encontrar essas vias. É essencial um novo fundamento estratégico para assumir-se uma posição com poder, objetivos e princípios.

Um novo fundamento estratégico: Poder, objetivos e princípios

Forças poderosas podem moldar as estratégias das pessoas em todos os aspectos das suas vidas. No século XX, três dessas forças eram a busca de riqueza pessoal, o culto do líder, que resultava na concentração do poder, e a crescente propagação, por intermédio dos meios de comunicação de massas, de fórmulas simplistas para o sucesso. Conseqüentemente, as pessoas tendem a seguir uma definição limitada de poder, baseada em objetivos de interesse próprio e princípios circunstanciais. No século XXI, não será possível alterar essa situação sem uma alteração fundamental das nossas psiques pessoais coletivas.

Se quiserem alcançar o "bem", os estrategistas necessitarão seguir princípios como as Três Leis da Estratégia, nomeadamente:

1. Transcender os organismos em conflito e identificar uma posição comum mais elevada.

2. Determinar como conquistar integralmente e assim minimizar o desperdício e a destruição.
3. Enquadrar um evento num fluxo de eventos e, assim, reagir no contexto do fluxo e não somente do evento isolado.

As implicações dessas três leis são abrangentes. Tradicionalmente, o poder é definido como a imposição da nossa vontade aos outros. Nesse contexto, os objetivos relacionam-se usualmente com a obtenção de mais poder e riqueza, enquanto os princípios são usualmente uma combinação de idealizações sociais, culturais e religiosas, convenientemente dispensadas quando se trata de obter poder e riqueza. Quando o projeto dos líderes passa a concentrar-se na paz, prosperidade e liberdade, altera-se a própria definição desses termos:

- O poder equivale ao ganho de liberdades, desde que não entre em conflito com os objetivos e princípios.
- Os objetivos equivalem à busca do que é necessário para obter paz, prosperidade e liberdade de forma adequada às circunstâncias, desde que não entre em conflito com o poder e os princípios.
- Os princípios equivalem à busca da verdade, e esta não tem limites.

As estratégias que resultarão dessas definições possuem a capacidade potencial de transformar nossas vidas e nos conduzir a uma era nova e mais positiva. Entre os exemplos das direções que poderemos tomar para quebrar os padrões predominantes encontram-se as seguintes situações hipotéticas:

- A ascensão de um número cada vez mais elevado de mulheres "maduras" (e de um número cada vez maior de homens dispostos a reconhecer e dar valor aos seus atributos "femininos") a posições importantes de liderança, resultando numa abordagem mais compassiva e ponderada dos conflitos e da competição.
- A resolução de conflitos fronteiriços e territoriais por meio de acordos sobre um objetivo mais elevado para o território em questão e o seu povo. No início do século XXI, esse esforço se concentraria na Índia, no Paquistão, na China, em Taiwan e no Tibete, em Israel e na Palestina, na Rússia e na Chechênia.

- O alívio do fardo dos países com problemas estruturais. Esses países sofrem de problemas estruturais devido à dureza do seu meio natural, ao abuso do povo por parte dos líderes e à ausência de instituições formais. No início do século XXI, essa condição afetava muitas das nações africanas e alguns dos países latino-americanos.
- A aceitação geral de um acordo de princípios comuns entre os mundos islâmico e não-islâmico, sustentado pelo fluxo de trocas comerciais e de pessoas e conhecimentos.
- O fim das barreiras. Esse movimento seria impulsionado pela ascensão de corporações econômicas que lideram suas comunidades. Essas corporações utilizariam seus recursos para criar riqueza para si próprias e para suas comunidades, e também para tentar resolver questões fundamentais. No início do século XXI, isso resultaria em um setor farmacêutico que, no âmbito de sua carteira de atividades, apoiasse a educação para a saúde e o fornecimento de medicamentos e serviços aos mais desfavorecidos. De igual modo, as empresas tecnológicas derrubariam a barreira digital, as instituições educacionais se encarregariam de derrubar a barreira educativa e os responsáveis pela geração de energia, a barreira energética. Os líderes de corporações deixariam de definir seu papel como sendo o de gerar riqueza a curto prazo; em vez disso, se considerariam líderes envolvidos no lançamento dos alicerces para a criação de riqueza no longo prazo.
- A renovação do meio e dos recursos da Terra. Seriam necessários novos desenvolvimentos nas áreas da biotecnologia e da genética, nanotecnologia e fontes alternativas de produção de energia em grande escala. Esses novos desenvolvimentos proporcionariam a criação de materiais alternativos, curas alternativas e opções ao petróleo e ao gás. Seriam aplicados três ingredientes: um investimento de capital grátis de enorme volume, uma corrida de magnitude semelhante à conduzida pelo presidente Kennedy contra a União Soviética para pôr um homem na Lua e esforços competitivos e de colaboração entre cientistas e engenheiros.
- A liberação do potencial humano baseada num repensar da estrutura, do conteúdo e dos métodos da educação. Na primeira parte do século XXI, possuímos a capacidade de operar uma ruptura radical com os métodos de aprendizagem do passado recente e se-

guir uma nova via. Essa nova via utilizaria a riqueza da história do homem, nossos conhecimentos e os métodos e as técnicas acumulados para criar novas estruturas educacionais. A nova via procuraria liberar o potencial humano em vez de nos preparar para os testes superficiais do sistema educativo vigente.

- A criação da Fundação Mundial para a Paz. Dada a carência no século XXI de uma liderança global para a paz, prosperidade e liberdade, seria criado um instituto para congregar as linhas de pensamento descritas neste livro e outras do seu tipo, com o objetivo de abordar as questões e oportunidades fundamentais no mundo. Se a localização escolhida fosse a província de Xizang, nome que os chineses dão ao Tibete, seria criada a força mais potente e única para o bem no mundo. O governo chinês se tornaria então o catalisador responsável pela mobilização do mundo para se concentrar em questões fundamentais.

Estas não são as fórmulas, tampouco os limites do projeto que necessitamos criar. A estratégia deve libertar-nos, não nos prender às nossas limitações.

Nova linguagem e novos conceitos

É sabido que a linguagem forma nossa realidade. A linguagem que utilizamos externamente (falada) e internamente (pensamentos e sonhos) fornece sentido às nossas experiências externas (eventos e relações) e internas (emoções e pensamentos).

Deixamos que a linguagem dos assuntos militares governasse a linguagem da estratégia e das relações. A linguagem da estratégia militar é, efetivamente, de grande potência e utilidade quando a examinamos, mas seu uso excessivo tem afetado nossa visão da forma como a estratégia deveria ser conduzida. Isso significa que, em todas as línguas, a linguagem da estratégia transmite idéias de rivalidade, divisão e vitória. Falamos de inimigos e rivais, competição, quinhão, recursos humanos e competência.

Nossas idéias necessitam ser alteradas por meio de uma nova linguagem que utilize esses termos predominantemente baseados no conceito de conflito apenas quando for essa de fato a intenção. Como resultado de nossa nova linguagem (e, no devido tempo, das nossas ações), reconheceremos os outros como participantes e não como inimigos ou rivais, o que, hoje em dia, acontece com demasiada freqüência. Vamos nos concentrar igualmente na expansão de possibilidades em vez de dedicarmos nossa atenção exclusivamente à competição, e buscaremos o crescimento em vez da obtenção de uma parcela do mercado. Desenvolveremos o potencial das pessoas em vez de gerirmos recursos humanos, e falaremos mais de caráter, valores e potencial do que de competência.

Temos necessidade de desenvolver um novo léxico recolhido de uma grande diversidade de campos a fim de criar novas idéias. A cor e a textura da nossa linguagem e, por conseqüência, nossas estratégias, serão afetadas, mas não limitadas, pela:

- Linguagem da Teoria do Caos
- Linguagem da Teoria dos Sistemas Adaptativos Inteligentes
- Linguagem das ciências físicas, biológicas e naturais
- Linguagem da paz e da empatia
- Linguagem da busca da consciência
- Linguagem da tecnologia, engenharia e arquitetura, do design e das artes

Poderemos considerar-nos bem-sucedidos quando tivermos criado uma linguagem que reflita a riqueza de nossa existência. A diversidade e abertura a novas idéias daí resultantes permitirão aos estrategistas alterar as mentalidades.

Novas instituições

Os governos governam, os exércitos movem guerras, as escolas ensinam, os cirurgiões operam e as corporações lucram. O mundo em que vivemos é, em parte, reflexo das instituições que estabelecemos. Os resultados obtidos não deveriam nos surpreender, devido às instituições que estabelecemos. Se pretendermos possuir liderança, paz, desenvolvimento, cura e partilha, necessitaremos modificar as instituições que produzem os atuais resultados. Para esse fim, será necessário que algumas das instituições existentes sejam substituídas e outras reformadas, e que criemos novas instituições.

Uma das transformações fundamentais necessárias consiste na criação de instituições adicionais para a paz que disponham de mais poder. Dedicamos enorme quantidade de energia para vencer guerras. Institucionalizamos esses conhecimentos em várias organizações militares como o exército, a marinha e a força aérea. Foram criadas instituições especializadas e forças de elite capazes de abordar situações específicas. Os serviços secretos e alguns departamentos governamentais dedicam-se ao estudo dos vários modos de ganhar guerras. Dispomos de academias nacionais para treinar nossos guerreiros estatais, de academias privadas para formar exércitos de mercenários e de cursos universitários para estudar a guerra. Desenvolvemos tecnologias que nos permitem guerrear mais eficazmente. Criamos companhias que se especializam em pesquisar, desenvolver e produzir as tecnologias e as armas da guerra. Existem, ainda, organizações e mecanismos comerciais para criar riqueza comercializando armas com nossos aliados e armando os exércitos de nossos inimigos.

Em resumo, investimos substancialmente em instituições que nos tornam eficazes na condução da guerra. Em face do estágio atual de nosso desenvolvimento, muitos desses investimentos podem ser considerados altamente necessários. Entre essas instituições, as melhores erigiram novos padrões de disciplina e de resistência humanas. Os inúmeros relatos de atos de coragem e de abnegação demonstram o calibre dos homens e das mulheres dessas instituições.

As instituições de paz surgiram na seqüência das principais guerras do século XX. A ONU, uma delas, foi criada com o objetivo de promover a paz e a cooperação no mundo utilizando tropas de paz selecionadas nos países membros quando necessário. Em 1948, a Declaração Universal dos Direitos do Homem da ONU afirmava que todos os homens nascem livres e iguais em dignidade e direitos. Com a criação dessas instituições, havia a intenção de estabelecer uma ordem internacional e de constituir fóruns para ações conjuntas. No entanto, a maioria delas está limitada pelo seu mandato, finanças, direito de veto, burocracia e talento. Em suma, não investimos o suficiente para nos tornar eficientes na condução da paz. Perversamente, nosso investimento nas instituições de guerra é valioso, já que uma grande parte dele contribuirá também mais diretamente para abordarmos a questão da paz. Para efetivamente conduzirmos a paz, necessitaremos estabelecer:

- Um corpo de paz terrestre, naval e aéreo para envolver os outros no projeto de paz;
- Departamentos governamentais e grupos independentes dedicados ao estudo de formas de obter a paz;
- Cursos universitários para estudar tipos e métodos de estabelecer a paz;
- Empresas que se especializem na pesquisa, no desenvolvimento e na produção das tecnologias e técnicas que nos permitirão criar a paz;
- Organizações e mecanismos comerciais que produzam riqueza para nós, para os nossos aliados e para os nossos inimigos, o que, por sua vez, criará segurança;
- Academias públicas e privadas para treinar as pessoas em formas de atuação mais pacíficas.

Um dos requisitos para o estabelecimento de tais instituições será a modificação de nossa abordagem das relações internacionais, do governo, do estudo, da educação e da ação. Será necessário que as instituições tenham representação para atrair capital, talento e propriedade intelectual. A revolução daí resultante contém a capacidade potencial de provocar perturbações em grande escala, já que muitas das instituições existentes se sentirão ameaçadas.

Não seremos bem-sucedidos na primeira tentativa. A implementação dessas mudanças pode ser dividida em seis fases. Em primeiro lugar, seu lançamento, a fase em que os líderes terão de cativar o coração e a mente do seu povo e de lançar um esforço coordenado de grandes dimensões para estabelecer as instituições de paz. Em seguida, a gestão de conflitos, já que um lançamento bem-sucedido provocará uma transferência de recursos e, por conseguinte, de poder das instituições de guerra predominantes para as de paz. A seguir, virá uma fase de reabilitação, porque os lançamentos bem-sucedidos exigirão a reabilitação dos que se encontrarem encalhados no paradigma da guerra, enquanto os lançamentos malsucedidos exigirão que se lute para relançá-los. A fase seguinte será o reequilíbrio, porque os líderes terão ido demasiado longe e poderão ter enfraquecido excessiva e prematuramente os seus exércitos de guerra num mundo que poderá necessitar ainda de poderosas forças militares. Segue-se a fase de execução, com o envolvimento do corpo de paz e das outras instituições na abordagem das questões que normalmente conduzem à guerra. Essa fase proporcionará uma oportunidade para testar e consolidar as capacidades. Finalmente, o esforço para manter uma paz perpétua, já que quebrar o ciclo da guerra resultará na transformação das relações internacionais, nacionais, comunitárias e pessoais, uma situação que será difícil de manter.

Será que dispomos de líderes capazes de forjar essa nova era?

Além das instituições de paz anteriormente descritas, nossas instituições educativas, zonas industriais, empresas e comunidades necessitarão igualmente de serem reestruturadas, aumentadas e substituídas. Teremos de investir na criação das seguintes instituições:

Academias de desenvolvimento. O objetivo dessas academias será a liberação do potencial humano. Isso nos obrigará a recorrer à riqueza da história mundial para ensinarmos a nossos jovens como viver em paz, prosperidade e liberdade. Seria necessário incluir treino técnico, métodos e técnicas, conhecimento das disciplinas e especialização. Os conteúdos incluiriam as ciências e as artes e a meditação para desenvolver uma consciência física, emocional e mental.

Vales e centros de inovação e desenvolvimento. O objetivo desses centros seria concentrar a criação de riqueza em zonas específicas dentro de um país para maximizar as chances de obter novos desenvolvimentos, atrair talento e capital e criar empreendimentos comerciais. Esses centros irradiariam então capacidades e prosperidade em nível nacional e internacional.

Recorporativizar instituições. Geralmente, nossas corporações econômicas adotam uma definição limitada de seu papel na sociedade. Essa definição privilegia dois grupos de interesses a expensas de outros: o acionista e o corpo de diretores. Conseqüentemente, esse modelo é, intrinsecamente, instável e só poderá sobreviver à custa do abuso dos direitos de outros grupos de interesses. As empresas do futuro controlarão seus recursos de modo a criar riqueza de forma mais apropriada. Será mais apropriada porque abordará também questões fundamentais no âmbito de suas escolhas. As missões e práticas de negócios incluiriam "preços baixos diariamente", a "resolução dos problemas de saúde do mundo" e a "melhoria da vida das pessoas por meio da tecnologia". Contudo, as companhias deveriam ter a firme intenção de adotar esses objetivos e de implementá-los. Atualmente, essas declarações não passam, com freqüência, de slogans de marketing, embora as companhias cuja intenção é genuína tenham obtido resultados fantásticos durante o período em questão. Os líderes das corporações terão de se transformar em líderes em suas sociedades e não somente em seu setor do mercado de ações caso pretendam evitar serem odiados, processados e encarcerados.

Comunidades virtuais. À medida que o nosso mundo se tornar mais aberto, transparente e interligado, vamos nos defrontar com um número cada vez mais elevado de comunidades virtuais de, por exemplo, profissionais liberais, empresários, comerciantes, terroristas e produtores de cinema. Teremos necessidade de compreender esse fenômeno e de aprender a utilizar os meios pelos quais se formam essas comunidades, de modo a podermos alterar a forma como conduzimos a paz, a educação, os negócios e as questões pessoais.

Mais uma vez, aplica-se a mesma questão: será que dispomos de líderes capazes de forjar essa nova era?

Novas características e qualidades: Forjando líderes

A personalidade e as qualidades do estrategista e da entidade para a qual as estratégias são desenvolvidas constituem dois dos fatores-chave em qualquer situação. O desenvolvimento dessas qualidades é de importância crítica para a capacidade de lidar com as situações.

A maior parte de nossos mitos de desenvolvimento repousa em qualidades pessoais. Até certo ponto, essa característica nos proporciona planos de desenvolvimento com alguma utilidade. A maior parte desses planos concentra-se no desenvolvimento de técnicas como a apresentação, a negociação, o brainstorming e a interpretação da linguagem corporal. Para desenvolvermos um novo quadro de profissionais estrategistas, teremos de nos concentrar numa série mais ampla e aprofundada de qualidades que cheguem ao âmago da presença estratégica da mente, do corpo e do espírito.

O desenvolvimento do estrategista envolverá o desenvolvimento da capacidade de:

Criar visões. Para tal, será necessário instilar a capacidade de criar técnicas, analisar, não perder de vista o objetivo, excluir o ruído, confiar nos instintos, reconhecer padrões, imaginar possibilidades, dar saltos mentais, ver a parte e o todo, definir vias potenciais, reconhecer pontos nodais e desenvolver histórias que simultaneamente cativem a imaginação das pessoas e ilustrem as possibilidades existentes.

Tomar posições. Para isso, será necessário instilar as capacidades de criar e dissolver posições, bem como a de se reposicionar de modo contínuo ou alterando o ritmo quando requerido.

Exercer influência. Para isso, será necessário ter a capacidade de trabalhar com a mente dos outros, lidar com causas e efeitos, eliminar as restrições de ativos limitados, controlar o tempo, agir de forma interligada, desenvolver estratégias contínuas e naturais e lidar com as questões mais abrangentes de poder, objetivos e princípios.

As características e qualidades do estrategista e da entidade para a qual formulamos estratégias são similares. Existem três qualidades que caracterizam o estado estratégico de ambos. A primeira consiste em ser capaz de lidar com o que possa surgir. A segunda consiste em estar pronto. Esse estado envolve estar alerta, não ser apanhado de surpresa e encontrar-se preparado para agir. A terceira é a espontaneidade. Esse estado envolve sensibilidade, intuição e uma velocidade de reação para lá da necessidade de processar mentalmente a situação.

O objetivo é desenvolver uma personalidade e qualidades que facilitem a passagem do desenvolvimento de estratégia para um estado estratégico.

Novos métodos e técnicas

Nossos métodos e técnicas determinam nossa resposta. Como afirmamos no Capítulo 2, os métodos e as técnicas existentes para o desenvolvimento de estratégias apresentam sérias falhas, em vários níveis. Daí que a qualidade de nossa resposta tenha se tornado cada vez mais inadequada, particularmente em face dos desafios com que nos defrontamos atualmente.

Os modos como conduzimos as estratégias têm de ser ampliados de forma a incluir competição, perturbação, dominação, inclusão e aspiração. Para cada um desses modos, teremos de introduzir métodos e técnicas que possibilitem maior eficácia:

> ***Competição***. Envolve métodos e técnicas para vencer a mente do rival.
> ***Perturbação***. Envolve métodos e técnicas que provoquem uma alteração do rumo, funcionamento ou natureza do sistema do inimigo, algo semelhante a infectar o inimigo com um vírus.
> ***Dominação***. Envolve métodos e técnicas que criem "continuísmo" entre rivais, estabelecendo relações desiguais de poder.
> ***Inclusão***. Envolve métodos e técnicas que conduzam à colaboração para que os parceiros possam vencer juntos.
> ***Aspiração***. Envolve métodos e técnicas que redefinam as realidades vigentes por meio da redefinição das crenças e aspirações dos participantes.

Os métodos e as técnicas descritos neste trabalho são também uma espécie de muleta. Quanto mais nos apoiarmos neles, tanto menos relevantes se tornarão. São necessários novos desenvolvimentos para encontrar novas formas de conduzir a estratégia. Uma vez popularizados, esses novos métodos irão se transformar também em muletas, e terão de ser substituídos.

Para sermos bem-sucedidos, devemos ultrapassar as estratégias que limitem nossa visão e condicionem nossa resposta. O objetivo consiste em desenvolver e aplicar métodos e técnicas que nos permitam abordar com êxito as questões fundamentais com que nos defrontamos, sejam elas quais forem.

Novos padrões de interação

Como afirmamos, nossa história nos conduz a padrões previsíveis de comportamento: excessivamente analíticos, de âmbito limitado, extrapolações baseadas em tendências passadas e argumentos racionais que ocultam o medo e a ganância. O resultado é que nossos líderes tendem a travar uma guerra limitada pela conquista da mente e uma guerra prolongada pelo "corpo", a terra.

Caso pretendamos evoluir, necessitamos de novos padrões para libertar o valor potencial que é agora para nós evidente. Para alcançar esse objetivo, teremos de modificar o padrão da nossa interação e, por conseqüência, da relação com nossos inimigos, aliados, líderes, patrões e comunidades, e com nossas famílias e nós próprios. Esses novos padrões se baseariam nos seguintes novos comportamentos:

Procura de causa. Esse novo padrão de comportamento nos levaria a procurar uma causa para os resultados e as situações em que nos encontramos. Seria necessário que deixássemos de atribuir as culpas ao acaso e de demonizar o inimigo. Em última instância, identificaríamos o papel que desempenhamos tanto naquilo que nos corre bem como no que não corre assim tão bem.

Produção de causas e efeitos. No futuro, uma estratégia bem definida de interligação nos ajudará a compreender melhor o impacto que temos sobre o mundo. Utilizaríamos causas como desencadeadores, pensamentos, ações, eventos espontâneos e leis naturais. Criaríamos, igualmente, diferentes tipos de efeitos, como, por exemplo, o efeito de multiplicação, o efeito dominó, efeitos programados e efeitos e reações espontâneos.

Transformação do valor dos recursos. Nesse momento, julgamos que o que há a fazer aos recursos é geri-los, enquanto no futuro teremos de adotar o princípio de que precisamos transformar seu valor. Isso porá fim às lutas desnecessárias por recursos limitados. Em vez disso, nossa energia será canalizada para a ampliação do impacto de nossos recursos, para os alargar, aplicá-los mais intensamente, realçar sua engenhosidade, funcionalidade, composição e organização.

Criação de mais tempo. É necessário para poder resolver nossos problemas e libertar oportunidades. Perder tempo cria ansiedades e medos que nos levam a agir de formas mais destrutivas. O desperdício de tempo conduz à perda de tempo. Assim, o objetivo consiste em criar tempo e usá-lo ao máximo. Se formos bem-sucedidos, deixaremos de considerar o tempo como um fator limitador.

O traço distintivo da forma como interagimos será o fato de atuarmos à luz de nossa fé na verdade e valor de nossa interligação, diversidade e potencial. Para isso, será necessário um comportamento contracultural. Por exemplo, os poderosos terão de abdicar do poder, os CEOs, de prescindir de lucros no curto prazo, e os inimigos, de se tornar compassivos. Nada disso é possível sem o desenvolvimento paralelo de indivíduos maduros como estrategistas e cidadãos.

Nova via de desenvolvimento

Os métodos existentes produzem estrategistas inadequados. Isto porque, incapazes de lidar com as múltiplas forças com que se defrontam, criam estratégias inadequadas aos objetivos. Além disso, na maior parte dos casos, não são estrategistas, são analistas, especialistas ou meramente indivíduos em posições de poder.

É necessário ter "maturidade" para ser estrategista. Isto requer consciência, a qual, por sua vez, provém da experiência. Não há esforço puramente intelectual que possa suprir uma combinação de experiência intelectual e sensorial. Sabemos que todos os grandes líderes da história tiveram uma intensidade de experiência que os preparou para a grandeza: as provações de Genghis Khan na juventude, o poder e a intriga a que Alexandre esteve exposto e a vida de perseguição de Mao, bem como sua familiaridade com o proletariado oprimido, tudo isso os preparou para a grandeza. É improvável que o crescimento num meio seguro, confortável e sem desafios nos prepare para grandes pensamentos estratégicos ou para a liderança. Isso não significa que o meio seja o único fator determinante ou que devamos automaticamente criar um meio de grande dureza. No entanto, se procuramos desenvolver homens e mulheres de grande coragem, capacidade e caráter, eles terão de viver num meio que promova essas qualidades. É por reconhecer a importância de um meio controlado na criação de pessoas de um certo tipo que o exército assume o controle da vida das pessoas. Assim, o desafio para os educadores e o indivíduo consiste em determinar o tipo de meio que estão dispostos a criar para formar estrategistas de sucesso.

O estrategista terá de desenvolver uma consciência profunda de seu próprio mundo interior, bem como do mundo exterior. Este é um dos obstáculos de maior dificuldade para a maioria dos estrategistas, visto que somos treinados para evitar a introspecção. Nosso sistema educativo, o ambiente de trabalho, tipos de entretenimento e atividades de lazer privilegiam a ação. A introspecção requer a ausência de ação, um estado no qual nos sentimos desconfortáveis. A prática cristã do silêncio monástico, a chinesa do tai chi e da meditação, a japonesa da meditação zen e a indiana da ioga e da meditação, todas as práticas apontam naquela direção. Mas não é possível atingir esses estados intelectualmente. Temos de fazer algo que nos instile uma quietude interior.

Uma visão do mundo eficaz necessita consistir em consciência de nossa dimensão física, de nossas emoções, das profundezas de nossa mente, dos objetos de nossa mente e da interação entre esses elementos. O âmbito dos objetos de nossa busca tem de ser ampliado, exigindo que os estrategistas possuam uma compreensão de tópicos diversos, tais como pessoas, dinheiro, ciência e tecnologia, o meio ambiente e a energia. Esse requisito coloca-nos um outro problema. Nossos líderes não têm capacidade ou vontade de investir tempo suficiente para desenvolver a compreensão necessária para a formulação de grandes estratégias. Não é obrigatório que saibam tudo, mas é essencial que tenham a capacidade de julgar e decidir.

A função da estratégia consiste em fornecer um resultado. A maturidade é a qualidade intrínseca que distinguirá grandes resultados de resultados piores. Essa maturidade resulta da posse de quatro qualidades: encontrar-se no fluxo de dados e informação, possuir conhecimentos, percepção e capacidade de previsão. O processo que nos possibilita a aquisição da capacidade de previsão envolve a construção de três capacidades: análise, experiência e sabedoria. Essa via não é escolhida por um grande número de pessoas. Por conseqüência, raramente se produzem ou criam estrategistas. Os estrategistas desenvolvem seu potencial inato em resposta a estímulos.

Tendo em consideração os enormes desafios com que nos defrontamos, a verdadeira tarefa dos líderes consiste em criar as condições para o aparecimento de estrategistas maduros, os indivíduos a que me refiro neste livro como Mestres da Estratégia. Para obter esta mestria, temos de criar as condições propícias ao seu aparecimento.

ENCONTRAR-SE NO FLUXO DE INFORMAÇÃO

O Mestre da Estratégia se encontrará ligado ao fluxo de informação. Nosso trabalho coloca-nos num fluxo de informação. Algumas ocupações nos situam mais no fluxo de informação do que outras. Os serviços secretos encontram-se num fluxo de informação privilegiada relativamente à política e às personalidades políticas; os funcionários das instituições de investimento estão num fluxo de informação privilegiada relativamente às intenções dos seus clientes no que diz respeito a fusões e aquisições; os pesquisadores do setor farmacêutico encontram-se num fluxo de informação privilegiada relativamente ao impacto adverso de novos medicamentos. Em que fluxo de informação tem então de se situar um estrategista para que sua intervenção seja eficaz?

No mundo atual, o fluxo de dados e informação de que o estrategista necessita pode ser repartido entre o necessário para manipular as alavancas internas e externas de forma a pôr em execução a estratégia. O fluxo de informação relativo às alavancas internas abrange os líderes de uma organização, sua população, seus ativos materiais, seu capital, seus ativos intelectuais e de informação e seu sistema de crenças, código, cultura ou forma de atuar. O fluxo de informação relativo às alavancas externas inclui o conhecimento de todos os fatores enumerados sobre outras entidades relevantes, o terreno físico, o terreno de informação, os terrenos político, regulatório e legal, o terreno militar e de segurança, o terreno cultural resultante da interligação de subculturas que definem um padrão de relações humanas, o terreno do sistema financeiro proveniente da combinação de crédito, pagamentos e mercados de capitais.

O estrategista necessitará de dados, tanto em sua forma "não-tratada" (por exemplo, estatísticas) como em uma forma mais processada (informação), de modo a poder manter-se em contato com as "realidades" do mundo.

POSSUIR CONHECIMENTOS

Os Mestres da Estratéga serão pessoas de seu tempo, com uma compreensão penetrante das questões (tais como os tipos de fenômenos configuradores descritos no capítulo inicial deste livro) e do conteúdo relevante para seu mundo (como o dinheiro, a ciência e a tecnologia e a força física).

Examinemos um dos desafios colocados ao estrategista, considerando de forma breve o papel transformador que, cada vez mais, a tecnologia desempenhará em nosso mundo. No século XXI, o homem assistirá à:

- Transformação da matéria natural – materiais e organismos – em matéria artificial, utilizando a nanotecnologia.
- Transformação de máquinas programadas em máquinas inteligentes, com a capacidade de aprender utilizando programas e sistemas operativos de inteligência artificial.
- Transformação de medicamentos químicos em soluções biológicas e genéticas específicas e individualizadas, por meio da biotecnologia e da genética.
- Transformação da energia com base no petróleo numa multiplicidade de energias alternativas naturais e sintéticas.
- Transformação do microcosmo de nossa vida por meio da aplicação de soluções que funcionam no macrocosmo, de tal modo que os supercomputadores virão a aparecer em nossas escrivaninhas, as redes em nossas casas e as transmissões de programas de entretenimento em nossas mãos.
- Transformação de programas operativos e de interface em agentes pessoais interativos digitais com capacidade de preempção.
- Transformação de desempenhos de baixa qualidade em desempenhos excelentes por meio de drogas para melhorar o desempenho e as tecnologias integradas.

- Transformação de experiências pessoais – conhecimentos, sonhos e fantasias – em experiências de massa, inicialmente por meio de tecnologia interativa avançada de cinema e, em seguida, de combinações de tecnologias de informação, entretenimento, educação e comunicação que recorram à projeção na retina, às drogas recreativas e à tecnologia hipnoterapêutica.

A menos que o estrategista transforme sua base de conhecimentos e compreensão, não poderá transformar mais nada e causar um impacto relevante no mundo.

POSSUIR CAPACIDADE DE INSIGHT

O Mestre da Estratégia reconhece padrões no fluxo de informação e identifica novos padrões a partir deles. Já exploramos alguns desse tipo ao macronível no início deste capítulo. Contudo, essa capacidade é igualmente necessária para abordar as questões da vida em um micronível, assim como as questões mais importantes em um macronível.

Como foi ressaltado, as coisas parecem formar um padrão que reconhecemos como "normal". Desejamos acreditar que assim é porque, dessa maneira, conseguimos apaziguar o receio de que elas possam estar fora de nosso controle. No entanto, as coisas não são o que parecem, já que é apenas a "superfície" que se move de acordo com um padrão "normal".

O objetivo consiste em treinar estrategistas no reconhecimento de padrões e não somente em sua análise. Isso possibilitará ao Mestre da Estratégia ultrapassar o meramente linear, a equação e a máquina a fim de identificar as peças e formar um padrão.

POSSUIR CAPACIDADE DE PREVISÃO

O Mestre da Estratégia avança do reconhecimento de padrões para a identificação de novas possibilidades de padrões e resultados potenciais.

A estratégia é dupla: adaptação para sobreviver e invenção para ganhar. Se não mudarmos em resposta a mudanças externas, nos tornaremos irrelevantes e morreremos. O estrategista deve ser capaz de identificar as mudanças necessárias para a sobrevivência. No entanto, precisa também saber identificar as possibilidades de criação de novo valor. Os estrategistas exploram o rio em movimento para atingir seu destino e, a partir das peças do quebra-cabeça, criar seu próprio padrão, obtendo assim resultados. Fundamentalmente, o estrategista não acredita que exista apenas uma possibilidade. Existe um grande número de futuros potenciais e cada um deles pode ser criado.

O Mestre da Estratégia não só identifica as potenciais perturbações que poderiam ser desencadeadas, mas também os desencadeadores capazes de conduzir a novos resultados, e a natureza dos próprios resultados. O Mestre da Estratégia compreende que a "realidade" existente é constituída por peças que podem voltar a ser lançadas e que essa realidade está em constante movimento. Identifica também o fluxo desse movimento. A capacidade de previsão resulta da identificação das possibilidades e bifurcações na estrada. Não se trata de mera previsão, mas de possibilidade.

SER UM FORNECEDOR DE RESULTADOS

Quando o estágio de estratégia madura for atingido, como saberemos que nos encontramos nele? Existem dois indicadores claros. O primeiro é interno, do ponto de vista do estrategista, e o segundo reside na qualidade dos resultados dos conselhos do estrategista.

Em relação ao primeiro indicador, a pesquisa na Antiguidade assumia a forma da meditação. O processo de meditação envolvia excluir o meio externo, imobilizar a mente e deixar que a consciência se voltasse para dentro. Considerava-se que essa viagem interior revelaria a natureza do corpo, das emoções, da mente e dos objetos da mente. Seríamos conduzidos a uma consciência mais ampla da interligação e impermanência de todas as coisas. No século XX e no início do século XXI, os cientistas têm procurado estabelecer a relação entre os estados do cérebro (evidenciados pelas ondas cerebrais emitidas nesses estados) e o desempenho físico, emocional e mental. A pesquisa inicial, levada a cabo por instituições dos Estados Unidos como a Universidade de Harvard, começou a fundamentar a prova de que as técnicas avançadas de meditação resultam efetivamente em profundas capacidades mente-corpo. O dr. Herbert Benson, da Harvard Medical School, aponta para alterações no consumo de oxigênio e energia e no metabolismo. Descobriu também que a pressão arterial das pessoas que meditam registra valores mais baixos, associados ao estado de paz e tranqüilidade. Por outras palavras, a meditação conduz as pessoas a estados de "felicidade" e de "paz" e a melhores desempenhos. É provável que investigações futuras venham a provar e restabelecer o valor das técnicas de meditação desenvolvidas pelos hindus e budistas há milhares de anos.

Uma dos principais insights do Mestre da Estratégia consiste em reconhecer-se como um potencial agente que muda (inventa um resultado) mais do que um agente da mudança (causa um resultado). Existe um dilema no âmago da estratégia: as estratégias são altamente pessoais, na medida em que seu objetivo pode ser o que se queira, mas também são altamente impessoais, na medida em que têm de se adequar à situação e ao meio. Neste caso, por conseguinte, o objetivo da estratégia nada tem a ver com o estrategista, é uma questão de adequação ao objetivo. As estratégias são mais eficazes ou não o são na criação de um sistema adaptativo inteligente que atinja seu objetivo. A questão para a qual esse dilema aponta é se o objetivo pertence ou não ao estrategista. O estrategista é o inventor do resultado ou seu agente? Os seus talentos são dele, de modo a poder fazer o que desejar, ou vê-se obrigado a fazer apenas aquilo para que está capacitado, por outras palavras, a desempenhar seu papel? Tem opções de escolha, mas, se escolher as opções inapropriadas, ainda continuará sendo o Mestre da Estratégia?

Por natureza, o Mestre da Estratégia transcende os organismos em conflito e identifica uma posição comum mais elevada; determina como conquistar integralmente, minimizando assim o desperdício e a destruição; e integra um evento num fluxo de eventos, reagindo no contexto do fluxo e não somente do evento.

Quanto ao segundo indicador, os resultados, existem provas qualitativas e quantitativas da mudança. A prova mais qualitativa residirá na natureza das estratégias que são criadas pelo Mestre da Estratégia. Elas se revestirão mais de um caráter de revelação do que de análise, serão mais obtusas do que projeções de tendências, mais semelhantes a sonhos do que à realidade e mais holísticas do que limitadas. Em relação às provas mais quantitativas, as estratégias proporcionarão resultados e possuirão certas características. Terão:

> ***Poder***. O Mestre da Estratégia será, indubitavelmente, capaz de batalhar por um poder superior, mas conseguirá também desenvolver estratégias mais potentes que permitirão que ele vença sem ter de combater.
> ***Objetivos***. O Mestre da Estratégia será capaz de batalhar por objetivos superiores, mas desenvolverá estratégias que são inclusivas e baseadas na aspiração.
> ***Princípios***. O Mestre da Estratégia será capaz de batalhar por princípios superiores, mas outros desejarão seguir essa estratégia devido aos princípios superiores e à ausência de moralismos.

Essas estratégias visarão o sistema interligado subjacente e não somente os sintomas. Abordarão a essência fundamental de uma situação com simplicidade, clareza e honestidade. O estrategista abordará a situação sem medo de perder ou ganância de ganhar.

Nova via: Para além da estratégia

As estratégias tornam-se redundantes após atingirem seu objetivo. Para ultrapassar a própria estratégia é necessário que se encontre presente uma de duas circunstâncias. A primeira é que o indivíduo se situe além do medo e da ganância. A segunda é que a sociedade esteja além do medo e da ganância. A primeira é possível para cada um de nós individualmente, ao passo que a concretização da segunda circunstância é improvável no mundo em que vivemos, tornando-se possível apenas quando um número suficiente de indivíduos tiver satisfeito o primeiro requisito.

O papel da estratégia consiste em se aproximar do campo no qual o medo e a ganância sejam abordados e não utilizados de forma abusiva. Os líderes nesse campo transformariam a energia negativa em iniciativas que promovessem a paz, a prosperidade e a liberdade. O impacto dos Mestres da Estratégia corretos será sentido por um grande número de indivíduos, criando as circunstâncias que promovem um incremento na consciência humana.

Em última instância, o Mestre da Estratégia não pode produzir estratégias para todas as eventualidades. Conseqüentemente, a noção de estratégia necessita ser ultrapassada pela noção de um estado estratégico. O conceito de importância crítica, já explorado nesta obra, é que, levando em consideração o enorme número de elementos em deslocamento potencial no mundo em qualquer dado momento, não é possível criar continuamente estratégias de resposta.

Nosso objetivo deveria ser colocar a nós próprios, às nossas famílias, comunidades, instituições e nações, e ao nosso mundo, em um estado estratégico pleno de poder, de princípios e de objetivos. Esse novo estado nos proporcionará um sistema de vida sustentável.

O desafio consiste em criar uma nova civilização.

No capítulo final, sintetizaremos as linhas gerais da tese apresentada e reiteraremos alguns dos elementos mais importantes da agenda para criar essa nova via.

7

AGENDA PARA O FUTURO

Não existe uma agenda fixa. Ela não pode existir pois não cresceria e, por conseqüência, viria a ser irrelevante e morreria.

Os novos desenvolvimentos contemporâneos na ciência e na tecnologia lançaram os alicerces para outros novos desenvolvimentos. Nossa capacidade de realizar as coisas básicas que as pessoas fazem na vida – trabalhar, divertir-se, comunicar-se, curar-se, matar inimigos – sofreu também novos desenvolvimentos dramáticos. Isso resultou em uma explosão de informação, que sufoca nossa capacidade de interpretar o que acontecendo. Assim, evidentemente, procuramos respostas.

Quando o homem necessita de respostas, aparecem os provedores de respostas.

Os provedores de respostas de nossos dias nos levaram a acreditar em respostas simplistas que satisfazem nossa necessidade de simplicidade. Devido à sofisticação dos atuais meios de comunicação e da tecnologia, essas respostas se infiltram com mais eficácia do que nunca em nosso subconsciente. Aqui reside o verdadeiro perigo: num mundo cada vez mais em mudança, estamos dispostos a nos satisfazer com respostas simplistas. Este é um problema para cada um de nós como cidadão do mundo.

Seguimos maquinalmente regras e normas que evitam que sejamos abalados até o âmago. Trata-se de um padrão de sobrevivência e de autodefesa. Contudo, é também uma regra suicida. Os acontecimentos sucedem-se a uma velocidade superior à nossa e estamos cada vez menos capacitados para lidar com eles. Não nos encontramos além do alcance das leis da natureza. Aquilo que não muda torna-se irrelevante e, ao fim de algum tempo, morre.

Encontramo-nos no limiar da maior revolução da ciência e da consciência. Avizinha-se uma era de milagres que permitirá que alteremos a natureza da nossa existência e do nosso próprio ser.

Como já aconteceu freqüentemente na história, os frutos dessa era poderão ser armas que nos permitirão travar guerras mais rápidas e eficazes. Não são ainda, com toda a certeza, os meios de estabelecer a paz de forma mais rápida e eficaz. Necessitamos criar estratégias superiores que se emparelhem com nossa capacidade superior para o bem e para o mal.

Já se encontram em ação perigosos padrões de conflito para nos pôr à prova. Desenham-se no horizonte e no nosso meio grandes conflitos. Os agentes deles estão preparados para os travar, ao passo que os solucionadores de conflitos ainda não estão prontos. Chegou o momento dos solucionadores de conflitos. Eles serão os Mestres da Estratégia. Sua função consistirá em intervir para alterar o padrão do conflito, criar uma nova compreensão e consciência e construir novas instituições para inculcar essa consciência nos outros e proporcionar-lhes a oportunidade de se desenvolverem.

É da natureza do homem sonhar e ter aspirações e, em seguida, envidar esforços, enganar e lutar para realizar seus sonhos e aspirações. "Estratégia" é meramente a palavra com que designamos o pensamento que aplicamos para determinar como poderemos vencer. No entanto, podem ser formuladas estratégias que maximizem as chances de realizar o "bem". São necessários princípios para desviar nosso caminho para essa via do "bem". É esse o papel dos grandes líderes, os Mestres da Estratégia.

Esses resultados não serão obtidos sem grandes esforços por parte do indivíduo, nem na ausência do meio adequado. É essa a responsabilidade do indivíduo e dos líderes.

Existe uma necessidade premente de questionar. Existe também uma necessidade premente de honestidade e de coragem. Temos de elaborar uma nova agenda que trate das questões mais importantes:

- Quantas guerras mais precisarão acontecer antes de aprendermos a estabelecer a paz?
- Quantos outros sistemas feudais de empresa antes de aprendermos a construir a prosperidade?
- Quantos regimes injustos mais antes de aprendermos a respeitar as liberdades e a devotar nossas maiores energias à descoberta de respostas?

Nesta época de acesso global às pessoas, lugares e meios de pagamento, não há onde nos escondermos. Devemos ir ao encontro daqueles que nos receiam e odeiam e aprender a lidar melhor com eles, já que, caso não o façamos, sofreremos as conseqüências.

Teremos de adotar uma nova linguagem, a qual acabará por alterar nossas mentes. Se formos bem-sucedidos, redefiniremos o poder como enaltecimento de liberdades; os objetivos acabarão por se traduzir na busca da paz, da prosperidade e da liberdade; e os princípios serão traduzidos na busca da verdade.

As estratégias resultantes serão mais intuitivas, de aspiração, holísticas e fundidas com a tecnologia e, por conseqüência, mais desconfortáveis.

A humanidade só será bem-sucedida se estabelecermos as instituições que possam dar início à obra de demolição do que é irrelevante, à construção do novo e à sua demolição quando se tornar irrelevante.

Conseqüentemente, encontramo-nos no limiar de uma oportunidade para agarrarmos o maior poder pessoal possível. Encontramo-nos igualmente no limiar da maior oportunidade já surgida na história – a criação de uma Era de Paz, de Prosperidade e de Liberdade.

REFERÊNCIAS E NOTAS

Prefácio

1. *OECD Science, Technology and Industry Scoreboard* 2003 – *Towards a knowledge-based economy,* OCDE.
2. Fome: segundo estimativas da FAO, entre 1997 e 1999, 815 milhões de pessoas sofriam de subnutrição; *Progress in providing safe water and sanitation for all during the 1990s; Report of the Secretary-General,* Nações Unidas, Conselho Econômico e Social, Comissão do Desenvolvimento Sustentável, 8ª Sessão; *World Health Report 1997,* Organização Mundial da Saúde; penetração de computadores e Internet: *International Telecommunications Union statistics for 2001: Computer penetration and Internet penetration covering E. Asia and Pacific, Latin America and Caribbean, Middle East and North Africa, South Asia and Sub-Saharan Africa compared to North America;* genocídio: *www.hawaii.edn.*

Capítulo 1

1. Running Times, 2004, em *runningtimes.com*, *Marathonguide.com* para tabelas de tempos; *Guinness Book of World Records,* 2004.
2. UN Office on Drugs and Crime, *Global Illicit Drug Trends, 2003*; Organização Mundial da Saúde, WHO European Health Communication Network, janeiro de 2002; *Overweight and Obesity,* British Nutrition Foundation, 2004.

3. Várias fontes fornecem mais pormenores, entre as quais a *Encyclopaedia Britannica,* o History Channel e a *hyperhistory on-line.*
4. Site da IBM; *The Age of Intelligent Machines,* Raymond Kurzweil, The MIT Press, 1990; Raj Reddy da Carnegie Mellon University.
5. *The Economic History of the Twentieth Century, Slouching Towards Utopia*, esboço de artigo, J. Brad DeLong, Universidade da Califórnia, Berkeley.
6. *Music Piracy Report 2002*; Mitch Bainwol, presidente da Recording Industry Association of America numa audiência no Senado dos Estados Unidos, setembro de 2003; Pew Internet & American Life Project 2004, Harris Interactive, outubro de 2004.
7. Falmouth Packet Archives relativamente ao navio a vapor *Sirius*; IATA Passenger Forecast 2000-2004, 2003-2007 e ICAO; WTM Global Travel Report, 2003.
8. *Four Thousand Years Of Urban Growth: An Historical Census,* Tertius Chandler, The Edwin Meller Press Ltd, 1989.
9. Population Reference Bureau 2004, *World Urbanization Prospects, The 1999 Revision.*
10. Sobre os Vales do Silício da China e iniciativas tecnológicas, ver múltiplos artigos, 2002-2004, *The People's Daily.*
11. NASSCOM; Average Salary of Programmers, *CIO Magazine,* novembro de 2002, Smart Access Survey, Merrill Lynch.
12. *The Economic History of the Twentieth Century, Slouching Towards Utopia*, esboço de artigo, J. Brad DeLong, Universidade da Califórnia, Berkeley.
13. Ao longo deste trabalho, dados financeiros como, por exemplo, as estatísticas relativas a capitalizações de mercado são retiradas de Datastream e *Thomson Financial.*
14. Para mais informações sobre a crise asiática, ver fontes públicas amplamente divulgadas, entre as quais *A Three-Step Remedy for Asia's Financial Flu*, R. Litan, fevereiro de 1998, Brookings Institution; J. P. Morgan, *World Financial Markets, First Quarter Report, 1998.*
15. *Imperial Ends: The Decay, Collapse, and Revival Of Empires,* Alexander J. Motyl, Columbia University Press, Nova York, 2001.

16. Aprovação pela House of Representatives (Câmara de Representantes) relativa ao Orçamento da Defesa, amplamente noticiada, incluindo a BBC, o *Wall Street Journal* de 7 de dezembro de 2003; fontes públicas.
17. *WaterAid, 2004*; Comissão das Nações Unidas para o Desenvolvimento Sustentável.
18. Dados sobre transações obtidos em *Thomson Financial.*

Capítulo 2

1. Mecânica quântica e princípio da incerteza: as fontes originais são *Quantum Mechanics* e *Uncertainty Principle*, artigos de Heisenberg, de 1925 e 1927 respectivamente. Podem ser consultados resumos acessíveis de ambas as teorias em numerosas fontes enciclopédicas publicadas. A biblioteca on-line da Universidade de Stanford disponibiliza uma boa introdução.

   Teoria do caos: para uma explicação de princípios-chave e da história do pensamento relacionado com a teoria do caos ver *Chaos: Making a New Science,* James Gleick, Vintage Minerva, 1996.

   Sincronicidade: para as suas origens, ver *On the Nature Of the Psyche,* C. G. Jung, traduzido por R. F. C. Hull, Princeton University Press, 1969, e o artigo de Wolfgang Pauli sobre Sincronicidade e o Inconsciente Coletivo; *Synchronicity. The Bridge Between Matter and Mind,* David F. Peat, Bantam, junho de 1987, é uma excelente exposição da teoria e provas da sincronicidade.
2. Talento e criatividade: *Scientific Genius: A Psychology Of Science,* Dean Keith Simonton, Cambridge University Press, 1989, e *Greatness: Who Makes History and Why,* Dean Keith Simonton, Guildford Press, 1994. O dr. Simonton estudou 2.036 cientistas ao longo da história para formular suas conclusões.
3. J. P. Garnier, CEO da gigante farmacêutica GlaxoSmithKline, descreveu em entrevistas públicas a "crise de produtividade" na pesquisa e desenvolvimento farmacêuticos; ver *Turning the Tide of Pharmaceutical Productivity*, Scientific Computing, 2004. Ver também *Innovation or Stagnation? Challenge and Opportunity on the Critical Path to New Medical Products*, US Department of

Health and Human Sciences, Food and Drug Administration, março de 2004.

4. *Death by Government: Genocide and Mass Murder Since 1900*, Transaction Publishers (NJ), R. J. Rummel, 1994 (entre outras realizações dignas de nota, Rummel foi candidato, em 1996, ao Prêmio Nobel da Paz). Ver também *www.hawaii.edn.*
5. Existe um grande número de fontes fidedignas sobre a destruição do meio ambiente. Uma das mais simples é The Ozone Hole Inc., uma organização não-lucrativa dedicada a deter a destruição da camada de ozônio, a evitar o aquecimento global e a preservar o meio ambiente. Para opiniões que relacionam o empenho político, o ambiente e a desigualdade humana, ver Jeffrey Sachs, *The Economist,* 24 de outubro de 2002. Jeffrey Sachs é diretor do Earth Institute na Universidade de Colúmbia, em Nova York.

Capítulo 3

1. A expressão "fluxo de consciência" foi cunhada no Ocidente por William James (1842-1910). James colaborou com Charles Sanders Peirce (1839-1914), um matemático, filósofo e estudioso de lógica americano. Ambos trabalharam nos campos da psicologia e da filosofia para estabelecer a escola de pensamento filosófico chamada pragmatismo. O fluxo de consciência foi descrito por James como a série de pensamentos interiores constantemente em mudança e de sensações que um indivíduo tem enquanto se encontra em um estado consciente. O fluxo de consciência é igualmente uma técnica narrativa na qual um escritor apresenta diretamente o fluxo ininterrupto dos pensamentos, impressões e sentimentos de uma personagem, sem recorrer às técnicas convencionais do diálogo e da descrição.

   Buda expôs as doutrinas da Impermanência (*Anicca*), Sofrimento (*Dukkha*) e "Não-eu" (*Anatta*) há cerca de 2.500 anos. Explicou que as forças para o mal e o para o bem estão latentes em toda a humanidade. Essas forças para o mal vêm à superfície em momentos inesperados com um ímpeto variável. A iluminação espiritual erradica essas forças, ficando nosso fluxo de consciência perfeitamente purificado.

Capítulo 4

1. Teoria do caos: para uma explicação dos princípios-chave e da história do pensamento relacionado com a teoria do caos, ver *Chaos: Making a New Science,* James Gleick, Vintage Minerva, 1996.
2. Ver *Science, Order and Creativity,* David Bohm e David F. Peat, Taylor & Francis Ltd., 2000. Ver também *Infinite Potential: The Life and Times of David Bohm,* David F. Peat, Perseus Publishing, 1999.
3. Parcela de mercado da IBM calculada como percentagem da capitalização de mercado de companhias de tecnologia em hardware, software e serviços, utilizando a Datastream.
4. Análise da massa terrestre dos Impérios Romano e Britânico retirada de *Imperial Ends: The Decay, Collapse, and Revival of Empires,* Alexander J. Motyl, Columbia University Press, Nova York, 2001.
5. O sistema operacional Windows da Microsoft encontra-se instalado em 94% de todos os computadores pessoais vendidos no mundo, segundo a Forrester Research, 2004.
6. *Death by Government: Genocide and Mass Murder Since 1900,* Transaction Publishers (NJ), R. J. Rummel, 1994 (entre outras realizações dignas de nota, Rummel foi um dos finalistas, em 1996, do Prêmio Nobel da Paz).
7. Ver *Self-Limiting Conflict: The Gandhian Style,* Paul Wehr, Westview Press, Boulder, Colorado, 1979.
8. Estatísticas da OCDE sobre cuidados de saúde; *CIA World Factbook,* dezembro de 2003, para estatísticas da Internet; para estatísticas militares, ver *CIA World Factbook,* dezembro de 2003, IISS (International Institute for Strategic Studies), 2001; *The Military Balance 2001-2002,* Taylor & Francis Ltd., Oxford; Oxford University Press; sobre bilionários, *Forbes 2004*; sobre o orgulho nacional, ver *World Values Survey 2004.*
9. Existem numerosas fontes sobre a GE e sua transformação por Jack Welch. Uma boa fonte de referência é a própria companhia, em *ge.com,* de 2000 até dezembro de 2004, para dados sobre a GE e as suas iniciativas, o número de negócios da GE em 28 de

dezembro de 2004; capitalização de mercado segundo a Datastream em 28 de dezembro de 2004.

10. Custo de moradia dos japoneses comparado à renda da família em *The Economist*; estatísticas populacionais em *Megacities and their Population, Population Counter 1996*; estatísticas sobre vencimentos registradas na edição de 1998 de *Japan: An International Comparison,* uma publicação do Japan Institute for Social and Economic Affairs.
11. Warren Buffet: existem numerosas fontes, das quais o site da Berkshire Hathaway (particularmente os relatórios anuais) constitui uma das melhores sobre o fundador e os executivos da companhia. Os dados sobre a riqueza de Warren Buffet são tirados do seu ranking segundo a *Forbes 2004.*
12. Informação sobre a bactéria SAR11 da Indiana University Online Library, 2004.

Capítulo 5

1. Kepler: existem múltiplas fontes interessantes, incluindo *Johannes Kepler and the Music Of the Spheres,* por David Plant, em *www.panplanet.com,* e o horóscopo produzido por Kepler, descoberto em dezembro de 1998 por Anthony Misch; sobre Isaac Newton, ver biografias como *Isaac Newton,* James Gleick, Fourth Estate, 2003; e fontes on-line como *bbc.co.uk*; Gottfried Leibniz: ver *Leibniz, Mysticism and Religion,* Allison P. Coudert, Kluwer Academic Publishers, 1998; Matteo Ricci: ver *The Memory Palace Of Matteo Ricci,* Jonathan D. Spence, Penguin, 1985.
2. *How Many People Can the Earth Support?,* David Pimentel, Population Press, março/abril de 1999 (Vol. 5, Nº 3), The Population Coalition.
3. Informação compilada pelo dr. McCluney, cientista pesquisador-chefe do Florida Solar Energy Center, em Cocoa, FL, um Instituto de Pesquisa da University of Central Florida, em Orlando; referência sobre a sobrevivência baseada em dados de Paul Jindra.

Este livro foi composto na tipologia Georgia,
em corpo 11/15,1, impresso em papel off-white 80g/m2,
no Sistema Cameron da Divisão Gráfica da Distribuidora Record.